猶太人
超越全世界的
讀書法

李大熙 著

推薦文一

瀕臨極限的教育，解決方案就是猶太人讀書法！

世界上少有像韓國人這樣對教育瘋狂的民族。韓國經濟能發展到領先的地位，應歸功於教育，而這全是父母對教育的熱情所致。

我們的讀書是「聽、背、考試、忘記」無止境的循環。這種讀書法在二十世紀是最有效的。但是對活在二十一世紀的我們而言，已經不需要再去背誦，只要有智慧型手機就可以解決一切問題。在二十一世紀的環境中，單靠背誦已經不足以讓人成為偉大的人物。我們的教育已經到了極限，是該有解決方案的時候了。

我們想要的答案可以從猶太人那裡找到。韓國人的平均智商是一〇六，居於世界領先地位。但以色列人的平均智商卻只有九十四，在世界排名第四十五名。國際學生能力評量計畫（PISA）的結果，韓國在「經濟合作暨發展組織」（OECD）國家中，數學排名第一，閱讀排名第二，科學排名第四。但是以色列的排名只有到三十名附近。猶太人對教育也充滿熱情，但怎麼也比不上韓國父母居然願意為了供應孩子的教育所需，可以離開家庭獨自一個人辛苦工作賺錢。再加上韓國老師的程度也是居於世界前茅。

但韓國人的學習結果並不讓人滿意。有史以來韓國人獲得的諾貝爾獎，只有和平獎一位。但是自稱為猶太人而得到諾貝爾獎的，就有將近兩百人。已經頒發的諾貝爾獎中，有百分之二十二是給了猶太人。光是二〇一三年，就有六名猶太人獲得諾貝爾獎，佔了得獎總人數的百分之五十。美國哈佛大學的入學率，韓國人不到百分之一，而猶太人有百分之三十。猶太人不只強在少數的領域，而是所有的領域都有卓越的表現。這種結果的主要原因就是讀書法：猶太人的讀書法是提問、思考、討論、實踐的教育。最具代表性的方式就是兩個人一起提問、對話、討論、辯論的哈佛如塔註。

這本書的作者指出猶太人的讀書是心讀、五感讀、身讀、知識讀和智慧讀，並且也提出針對國人身體的讀書法。希望這本書讓被考試扭曲、淹沒在教科書和參考書中的本國教育可以因此改變。

田聖銖
韓國富川大學教授
哈佛如塔教育協會會長

註：「哈佛如塔」意為「朋友」。猶太人將這概念應用到讀書上，與朋友共同學習，稱之為哈佛如塔讀書法。

推薦文二

會讀書的人的「讀書方法」有系統讀書的指南

很高興長期以來研究並實踐猶太人教育的作者，為我們出版了這本書。會讀書的學生知道「讀書的方法」，培養人才的學校有「好的讀書系統」。本書是研究猶太人的讀書法，而且針對我們實際上的情況找出具體方案，對在教育洪水中掙扎的學生與家長而言，這本書可以作為讀書法和有系統讀書的指南。

即使本人留學以色列十一年，也經歷猶太人的教育，但讀了本書之後，也會產生共鳴並且刺激想法。本書運用了塔木德和猶太格言作為理論的基礎，也介紹猶太人的教育哲學與方法，相當具有說服力。這本書值得向所有為「讀書」而苦惱的人推薦。

姜厚九
耶路撒冷希伯來大學博士
韓國首爾長老神學大學聖經考古學教授

推薦文三

教育、文化、歷史成就不凡猶太人

時至今日，大多數已開發國家人民的識字率達百分之九十五至九十九。台灣識字率名列前茅，超過百分之九十八。然而，幾世紀前，讀寫能力是少數被選中或是幸運菁英的特權，只有一個民族例外，那就是猶太民族。每一個猶太孩子，不論是農夫或商人、教師或藍領階級之子，都享有讀書及識字的機會。他們從三、四歲起，就在「Heder」（意為「房間」）由教師帶領，品嚐學習的甜蜜滋味——舔拭沾在字母表上的字母蜂蜜。

猶太人的優異教育與開創性的成就並非只是正統教育系統的成效，而且他們的學習並不侷限於正式課堂或講台上的教導。這是提問文化與猶太人的「虎子帕」（Churzpah）齊力發揮的成果。虎子帕反映了果敢：拒絕接受「不」這個答案；當門看似在你面前關起時，就破窗而入。

以色列人力求頂尖表現，十分強調家庭價值觀、團結一致、愛國精神與教育。而辯論、衝突觀點、挑戰權威階級、視長幼有序如無物等令人頭疼的文化特質，則形塑了「完美的混亂」，進而造就了以色列奇蹟。

在歷史上飽受歧視、迫害與考驗的高適應力猶太人，別無選擇，只能更加革新、培養創意及科技化，實現以色列首任總理戴維・本・古里安（David Ben Gurion）所說的：「跟領土相比，以色列更是一個依賴人建起來的國家——猶太人自各地而來：法國、俄國、美國、葉門……信念是他們的護照。」

現代的以色列，由於環境之故，創建了一個獨特的環境：容納自數十國返鄉的人民，帶來本質不同的文化與想法，陶冶成一個大熔爐。年輕的中學畢業生必須服至少二（女孩）至三（男孩）年的兵役，這可能被認為是浪費可以在學術及專業領域上有所進展的黃金時期，但卻是習得領導力及人格養成經驗的機會。對以色列青年而言，中學高年級時迫在眉睫的問題不是大學入學考試，而是競爭進入以色列國防軍（Israel's Defense Forces, IDF）的菁英單位。

總理本・古里安曾說：「在以色列，為了當一個務實的人，你一定要相信奇蹟。」的確，年輕的以色列在立國至今短短六十年期間所達成的各項成就，可說是人為奇蹟。他們將問題變成挑戰：境內嚴重的缺水問題，促使以色列研發先進的用水科技，從海水淡化、滴水灌溉、廢水處理到工程解法，讓以色列搖身一變，成為全球最高效使用水資源的國家。因缺乏石油與天然資源，以色列轉而研發太陽能與替代能源科技。醫學器材、生物科技與軟體——所有大型世界級的跨國企業都來到以色列，建構研發中心。

我在此恭賀作者，成功地為台灣讀者打開一扇窗——讓讀者瞭解以色列教育的內涵為何，使教育如此獨特、活躍與富含創意。

何璽夢 Simona Halperin

以色列經濟文化辦事處代表

前言

讓每個人幸福的終身讀書法

死胡同中的教育

在我們社會中最受矚目又最難解決的問題就是教育。世界上很少有國家像我們一樣，在教育政策方面搖擺不定。教育政策有權力決定國家的命運。教育的問題如果獲得解決，諸如校園暴力、補習費用、低生產力、就業率、單身等問題自然迎刃而解。

我們的教育現況非常糟糕。大部分的老師只重視學科成績優秀的學生，學校也以進入好大學的升學率為評價的標準。跟不上的孩子都歸咎於父母。父母就必須尋求課後的私人教育來補救。私人教育的發達是國內教育的結構性問題。把孩子送到補習班就可以解決問題嗎？當然是不可能的。在學校讀不好的孩子，到了補習班也不會有太好的效果。補習班、家教和遠距教學等都自稱可以為孩子的學習負責，但都只是暫時的。

大部分擅長讀書的學生都有自己的一套讀書法。他們不會依賴學校或補習班，而是靠自己讀書。除了這類佔了大概百分之一到二的學生以外，其他大部分的孩子都必須依賴補習班、家教或遠距教學提供的講義，而且僅只能勉強跟上進度。

更大的問題是老師與家長都知道這樣的事實，卻沒有更好的對策，只能順著潮流走一步算一步。為了孩子的教育付出昂貴的費用，效果卻非常有限。所以有些人選擇出國留學、自學、或私人辦學等，但卻也都不容易，而且風險很高。所有父母都希望孩子把書讀好，孩子當然也希望能符合父母的期待。但現實中卻是不容易達到。在愈來愈激烈的競爭中，師長與孩子都難以看到光明的前途。

到目前為止，仍然在迷途中徬徨的家長與孩子們不知有多少，他們的處境令人感到心疼。更大的問題是，即使從學校畢業之後，仍然沒有解決問題。讀書是一生的功課，人生的問題是無法迴避的。

從學校畢業、出了社會，成家立業之後就不需要讀書了嗎？這是不可能的。因為在前面等著的，是比起求學階段的讀書更具有挑戰性的人生學習。許多有豐富人生經驗的前輩都說「求學階段是最容易的」，這是他們經歷一切之後的結論。讀書並不是個人或特定階段的問題，而是國家大事。讀書不因畢業而結束，而是與一個人的一輩子扣連在一起。找到適合自己的讀書法的重要性就在這裡。

尋找好的讀書法

每個人都會經歷「出生—幼兒—幼年—少年—青年—長年—老年—死亡」的生命歷程。這是生命週期系統，每個人的時間或有些微差別，但階段是一樣的。讀書也是。如果想把書讀好，就必須先瞭解讀書系統。會讀書的人知道如何透過讀書系統找到適合自己的讀書法，但大多數的人沒有系統，是「隨性」的讀書。

如果知道讀書系統，讀書就很輕鬆快樂，有效率、也有趣。讀書系統一旦建立起來，一輩子都可以享受讀書樂趣。

我們到如今都還沒有一套有系統的讀書法。「哪需要什麼系統，只要努力就可以的」，這是大部分人過日子的原則。父母常對孩子說「你要認真讀書」，以致於孩子整天坐在桌前，卻沒有發揮讀書的效果。父母不斷叮嚀孩子要讀書，孩子卻是愈聽愈不想讀書。人們雖然持續地讀書，卻沒有人指導該如何讀書。人們常常不指導讀書的方法，只是一味強調要讀書。從讀書的立場來想，只是讓人覺得無奈。讀了半天的書，總是無法理解。想認真跟上學校的進度，卻不如想像中簡單。人們愈來愈對自己感到不滿，如此反覆，讀書根本快樂不起來。「為何如此乏味的讀書要持續下去呢？」若如此自問，就會更進一步產生自責和煩惱。

現在教育的所有問題都與讀書緊密相關。只要建立起自我學習的能力，大部份的教育問題都可以解決。如此看來，教育問題是讀書的問題，讀書的關鍵在於有沒有建立起自我學習的方法。

「怎麼做才能把書讀好？」

每個人都有關心的事物。許多讀書達人都願意分享自己的讀書秘方。但這一類讀書法，都是個人的獨特經歷，並不適用於不同背景條件的人。想直接模仿這些讀書秘方，卻沒有效果，於是就另尋他方，如此反而進入惡性循環裡。這一類的讀書法多半是為了提高學科成績，或是進入國內或美國知名大學的一些技巧，只是停留在取得知識的方法層次上。這些方法或許可以對讀書有些許助益，但真正的讀書並不如此簡單。人們可以使用一輩子，甚至可以傳承給後代的讀書法，才是我們需要，卻是我們還沒有的。

讓全民都成為天才的藍海讀書法

作者為了尋找讀書的民族，找到了猶太人的讀書法作為學習的榜樣。猶太人的讀書法並不是選拔百分之一天才的紅海讀書法，而是讓百分之百全民都成為天才的藍海讀書法。

世界上沒有其他像猶太人的讀書法一樣，是有數千年傳統保證的國民讀書法。更重要的是猶太人的讀書法超越了一般學科的學習，是讓人一輩子都能受用的全人讀書法，是不論小孩大人都可以使用的全方位讀書法。這本書的目的即在找尋猶太人上千年的讀書原理，期待能在我們的教育中使用。

塔木德（Talmud）裡提到：「給一條魚讓人飽餐一頓，還不如教人捕魚可以受用一生。」這是介紹猶太人教育時最常用的一個例子，也是代表猶太人讀書法特點的一句話。人們不可能把持續不斷產生的一切知識讀完，但只要能夠取得讀書法即足矣。

目前我們已經知道的讀書法，大都是西式的。本書介紹的猶太人讀書法卻是融合了東方和西方。這個讀書法不同於以知識和理性為中心的希臘式西方讀書法。猶太人讀書法是心、五感、身體、知識和智慧的全人讀書法。一個人即使從學校畢業之後，一輩子都可以使用，而且是父母和孩子、老師和學生一起讀書的系統，可以世代相傳。

為了自己的幸福讀書

我們的讀書法是在累積知識和取得技術，但猶太人的讀書法卻是從人自身來學習。這種讀書法不是為了進入好學校或把考試考好的方法，而是為了讓人成為一個完整的人的方法。猶太人的想法不是為了成就什麼，而是為了讓自己幸福而讀書，以致於其他的好處也都跟著而來。如果我們能善用這種讀書法，就能夠擺脫以入學或學科學習為中心的讀書，而能夠真正讓人享受這種終身學習的讀書法。

超越猶太人的讀書法

這本書不單只是介紹猶太人的讀書法，或介紹某種讀書秘方。作者希望國人的讀書法可以超越猶太人讀書法，並且傳承下去。雖然一開始是在介紹猶太人的讀書方法，但真正的目的是為了找到讓一個國家社會能夠健康的讀書方法，也就是找出讀書的問題和解答。

當然猶太人的讀書法並非完全沒有問題。如果忽略了自己本國的文化背景差異，直接接受這種方法是更不恰當的做法。作者要特別指出，在這本書中，不適合的部分已經排除了，而所挑選的部分是與本國的條件吻合的。這本書的意義在於把猶太人沒有，卻是本國人特有的優勢勾勒出來。

這本書雖有不足，卻是希望能夠協助受困於讀書方法的人，指引出讀書的方向。所有的人應當是為了幸福開始讀書，卻因讀書而讓更多人變得不幸。希望這本書可以解決教育的難題，並且成為所有人都幸福的讀書出發點。到目前為止，我們把讀書視為競爭、獲得勝利、進入好學校或找到好工作的手段，也就是不把讀書當成享受，而是視之為功成名就的工具。但這本書重點在透過讀書來瞭解人的本質，並且學習生活技巧，讓人幸福。

不要跟書讀書，要跟人讀書。不要與書爭鬥，而是要與人溝通。不要找背景，而要找真理。這是猶太人讀書法與這本書的核心精神。透過這本書，讀者可以知道真正的讀書是什麼。並且知道怎樣將讀書用在生活中，有一趟幸福的讀書之旅。尤其是被忽略和瀕臨瓦解的弱勢家庭，可以透過這本書來編織希望的夢想。特別感謝給我更多挑戰與鼓勵的親愛家人（我的妻子、兒子Sam、女兒Joy）。

作者 李大熙

目錄

第一章

用心讀書

把心打開，給自己一個動機

以最有錢的富人身份進入墳墓，
對我而言，一點都不重要。
能一邊說「我們真的做了很棒的事」，
一邊安心地睡去，
這才重要。

—— 賈伯斯（Steve Jobs）

有理由的讀書

勝過死亡與困難的秘訣

假如眼前有天使出現，
所有律法書教我的都可以捨棄，
因為學習的過程比結果更重要。
——塔木德

維克多・弗蘭克

發明意義療法的猶太精神科醫師維克多・弗蘭克（Viktor Emil Frankl），他在納粹集中營的三年期間，經過死亡的苦難。透過觀察許多在集中營裡面死去的人，他發現**人們雖然會遇到各種不同的環境，只要人們有選擇己路的自由精神，還是可以建立起有意義的生活**。因為這樣的體悟，這位醫師在集中營裡持續寫作，也同時鼓勵周遭的人們，要去找尋意義，當然意義也同樣存在於痛苦、飢餓和死亡之中。戰後，弗蘭克離開集中營，卻發現所有親人都已死去，他再一次陷入絕境，但是他沒有放棄人生，反而從在集中營寫的文稿裡，編寫出《活出意義來》這本書，書也暢銷大賣。他活到九十歲，寫了二十二本書。在難以想像的痛苦和試煉裡面，他可以持續向前走的動力，就是堅持讓自己成為終身讀書的人。

人們常常期待著比現在更好的環境，也期望每天有內在的成長和克服困難的力量。但是知道獲得成就的秘訣就在於終身讀書的人並不多。猶太人是以教育來克服數千年的民族苦難。直到現在，猶太父母仍舊教導子女要以學習來面對各種困難，這樣才能活下來。

猶太老人都待在圖書館

前人未曾想像的百歲壽命時代即將來臨，人們退休之後還有五十多年要活，很多人卻煩惱著要如何度過這段時間。終身讀書是最好的解決辦法。不與人競爭，為自己的目標努力才是答案。公園和養老院是韓國老人最常聚集的地方，但猶太老人多待在圖書館裡。白髮的猶太人依舊在學校裡學習或研讀塔木德。他們也把教導下一代塔木德一書的內容當成生命中重要的事。直到死前一刻，他們依舊緊抓著律法書和塔木德。

然而，我們一聽到讀書就心生反感。「為何讀書對我們是一種壓力呢？」原因在於讀書只是為了考取大學。而且大部分的學校教育都是以知識傳授為主，且集中在國語、英語和數學等科目。以致於除了少數知識學習效果較好的學生之外，其他人都覺得讀書很困難。另外，高中教育的內容相當難，連大人來學習都很難理解。我們不禁要問，為何要把學習弄得那麼困難，實際上可以使用的卻不多。有些知識在人的一生中只能用上一次，甚至一次也用不上的也很多。為何人生最重要的階段要這樣子學習呢？就因為大學入學考試的限制，犧牲了年輕人對於未來的計畫。這個社會依舊把成績當成是判斷個人成功或失敗的標準，讓父母們都很疲憊。為了解決這個問題，政府提出各種教育方案。但是事情沒有那麼容易。主要的原因還是在於把讀書當作是少數幾個科目的範圍。

教學重點

擴展讀書的領域

把讀書定義在少數幾個科目，是讓孩子們和青少年不健康的原因。對於無法深入學習某些專業的學生，應該讓他們在基本科目之外，也有機會去學習自己有興趣的東西。但國家教育並非如此。還沒有機會學習自己有興趣的科目，就要畢業了。於是，讀書變成令人討厭的事，一上課就打瞌睡。更遺憾的是，還沒進入到自己有興趣的學習領域，就要離開學校。為了解決這個問題，應該要擴展學習的領域。論語一開頭就提到「學而時習之，不亦樂乎」。「學」有兩個意思，第一是脫離無知的狀態，第二是對未知的事物不斷產生好奇。另外，學也是對新事物的學習。繼續不斷地學習，一直到所學之事成為自己的，那時候的快樂，只有經驗過的人才知道。真正的讀書之樂就從這裡開始。事實上，論語裡面提到的學，並不是現在我們的學習，而是禮樂射御書數六藝。對照孔子所說的，我們目前在學校的學習是相當狹隘的。現在我們可以試著擴展讀書的領域。浩瀚的宇宙和大自然提供人們豐富的學習素材，一旦人們找到自己有興趣的領域，讀書就不再困難，反而是很快樂的事。

學習活動〈製作一個自我關係圖〉

與子女一起做自我關係圖

以自己為中心，把所有覺得有興趣的東西、活動或領域都畫出來，並且讓孩子知道如何去認識這些畫出來的東西，這就是學習。

製作關係圖

①準備一張紙，在中間寫下名字或畫出一個人物代表自己。

②以名字或圖案為中心，寫出或畫出各種自己有興趣的東西、活動和領域等，可以隨意寫下，也可以很漂亮的畫出來。

③在寫出來或畫出來的東西中，選一個最有興趣的來討論，讓孩子明白去理解這個東西是很快樂的事。

④讓孩子對有興趣的事物有所期待，這就是讀書。

目標導向的讀書

利希瑪和曼須

不要成為成功的人，
要成為有價值的人。

——愛因斯坦

沒有成績單的學校

我們通常把讀書當成自我開發或是獲得成功的工具。這其中的問題就在於讀書只跟自己有關。先進國家不只強調自我，還要兼顧市民社會的目標。後進國家卻只想到自己把書讀好。

猶太人讀書的目的在於愛神[1]與愛人。當孩子們開始識字，大人最先讓他們閱讀的是律法書[2]。這是解釋猶太人讀書目標的最佳案例。我們為了入學，讓孩子識字。猶太人卻是為了學習律法書和塔木德[3]而讓孩子識字。我們的孩子一進入大學就不再讀書，猶太人卻終身讀書。為什麼呢？我們是為了讀書而讀書，猶太人卻是為了讀書的方法而讀書。因為他們覺得讀書是終身的義務。

猶太人研讀律法書與塔木德。他們一開始讀的書就是這兩本。律法書和塔木德是他們從出生到死都要持續閱讀的書。但我們並沒有這種讀一輩子的書。這就看出猶太人讀書方式和我們不同。塔木德的核心精神是利希瑪（Lishmah），意思就是讀書這件事。不為了其他什麼事，光是讀書這件事就有意義，也有益處。這種精神來自聖經所言：敬畏耶和華是智慧的開端，認識至聖者便是聰明（箴言九章十節）。

猶太人的學習與宗教合一。學習對猶太人而言是神聖的，是禱告，也是事奉神的事。猶太人的宗教往往與學習同行。沒有學習就沒有信仰。為了偉大的神，一生都要學習，即使如此，還是沒有辦法知道一切。終身學習就成為他們理所當然的事。但我們為了個人成就而讀書，以進入好的大學、好的公司為目的來讀書，為的是滿足自己。猶太人的目標卻不是當總統，而是當曼須（mensch），意思就是可被尊敬的人，類似精神導師，但又比精神導師的境界更高一層。曼須是愛神、愛身邊的人，是具備了人格和德行，在各方面都被尊敬的人。對猶太人而言，能被稱為曼須是無上的榮耀。對猶太人而言，**成功不是物質的豐盛或權威的擁有，乃是被尊敬的人格**。一個

1 猶太人稱神為耶和華，意思是自有永有的神。在中文聖經裡面翻譯作耶和華，因為人不能隨便稱呼神的名字，所以使用阿多奈（"主"的意思）來代替神的名。

2 Torah 是猶太人的律法書。在聖經中，舊約是由律法書、先知書和聖文書所組成的。其中歷史書是摩西五經，也就是創世紀、出埃及記、列王記、民數記、申命記這五部。

3 塔木德的意思是偉大的研究，是研究律法書的書，因為對律法書的研究而成為偉大的學習書。為了瞭解律法書，需要偉大的拉比的協助。此書是累積兩千多年眾多拉比的意見而成，而實際上撰寫塔木德的大約有兩千多位拉比，用了六百年的時間。光是抄寫就花了一百年。大版小字印刷需要三萬頁，約有一百萬個單字是關於猶太人生活的百科，包括健康、醫療、法律、倫理、宗教、歷史、文化、哲學、電氣、天文、生物、教育、救濟等，各種人生所需的都在其中。塔木德共有六十三冊，內容包羅萬象，人終其一生也讀不完。

人不論地位再高、錢賺得再多，若不被尊敬就不算是成功的人。但我們呢？評價一個人是按照他的身分地位，是靠物質條件來判斷。

為何要念書呢？如果不清楚這個問題的解答，就不能讀書。塔木德裡面教導說：「人之所以出生在世，是為了自我傳承，也為了幫助別人」。讀書不能光是為了自己，也不能只為別人，讀書是對自己也對他人都有益處才正確。不僅僅為自己，也能為他人，如此讀書不但不會生厭，反而會更有使命感、更容易集中精神。

教學重點

要擴展讀書的理由

菲利普斯・埃克塞特學院（Phillips Exeter Academy）是一所美國私立明星高中，在過去的畢業生中，每三十五個人中就有一位被記錄在美國名人錄裡。而且畢業生當上總統、國會議員、議長、州長、大法官、專業經理人等，或進入哈佛、耶魯、普林斯頓等知名大學的機率也都很高。所以，不只在美國，連全世界各地的父母親都喜歡這所學校。這所學校之所以有這樣的表現，是因為它的建學（立校）精神是 Not for self（不為自己）。這所學校有兩百年歷史，創校者之一的約翰・菲利普斯博士基於清教徒的哲學精神，並且援引路加福音六章三十八節所載：「你們要給人，就必有給你們的，並且用十足的升斗，連搖帶按、上尖下流地倒在你們懷裡。因為你們用什麼量器量給人，也必用什麼量器量給你們」，而制定了學校的立校精神。

讀書的目的不是為了個人成功，而是為了建立好的人際關係。所以很早就要了解品格和人際關係。太早接觸實用主義，就沒有時間建立好的品格。書越唸越難，不是人的能力不足，而是品格的問題。有一句話說，人知道多少，就看到多少。如果讀書能幫助其他人，而且給人帶來好處，沒有比這樣更好的人生。要清楚讀書的目的，才有熱情和快樂。

學習活動〈有理由的尋寶〉

為了讀書的目的而和子女對話，會使氣氛變得凝重。所以要使用遊戲來確認讀書的理由。

有理由的尋寶

①選出一位代表主持（主持人最好是父母其中之一）。除了主持人以外，其他參與者拿三到五張白紙，在二十分鐘內，以「讀書的理由」為主題，透過書籍、雜誌或網路搜尋，把找到與主題相關的文句或成語寫在紙上。

②主持人收回寫好的紙張，摺疊後藏在家裡面。參與者在限定的時間內，把藏起來的紙找出來。

③主持人發獎品給找到紙張的人。

④唸出紙張裡面所寫的內容，並且分享自己的想法。

猶太人的甜蜜教育

舔蜜一般的讀書

自己喜歡的事，
會做得最好。

——塔木德

學習就像蜜一樣甜

怎樣才能夠快樂地念書呢？

這是養育孩子的父母最關心的一件事。不管是什麼，只要開心就不難。猶太人教導孩子讀書是快樂的事。只要有一次覺得讀書很煩，這種感覺就會一直存在，而且不多久就會放棄讀書。

對我們來講，猶太人終身讀書是不可思議的，因我們一聽到讀書就頭痛、打呵欠。那是因為我們未曾經驗過讀書的快樂。

猶太人可以終身讀書的原因是把讀書當成一件快樂的事。小時候一開始讀書就把識字看成快樂的事，就可以快樂和自主地讀書。猶太孩童三到五歲打開律法書的時候，父母親會在書頁上滴上蜂蜜，讓孩子親舔紙上的蜜。這樣，讀書就像舔蜜一樣。在一開始讀書的時候，就讓孩童嚐到讀書的甜蜜滋味。

韓國父母口中一直說要讀書，但如此卻讓子女失去對讀書的好奇心，也造成反效果，抹去孩子對讀書的興趣。其實，對連字都還沒完全認識的孩子們來說，根本難以讓他們理解讀書是一件甜蜜的事，但卻可以讓他們透過味覺來感受。

在以色列，學校會辦很多活動來讓孩子們知道讀書是很快樂的事。小學入學第一天就教學生讀書是甜蜜的。老師讓剛入學的新生用蜂蜜寫希伯來文的二十二個字母。寫完之後，老師跟學生們說：「從今天開始，我們要學習的二十二個字母是讀書的起點，是像蜜一樣又甜又好吃」。或者，也有老師給學生在上面有用蜂蜜寫字的蛋糕，吃了蛋糕的孩子會覺得讀書是快樂的事。這種活動對小孩來講，可以建立起對讀書的正面印象，並且以快樂的心態來學習。無論如何，起頭是最重要的。塔木德裡面這樣描述：年幼時候的學習像是在新紙上寫字，年長之後的學習則像是在皺褶的紙上寫字。開始讀書的時候，建立起對讀書的美好印象是重要的。

適性的讀書方式

讀書本是件快樂的事。光是想像自己喜歡的音樂、運動、遊戲等，就讓人覺得很開心。所有小孩都會期待第一天上學的日子，但是過了不久，學校卻成為令人煩厭的地方，連讀書也變得無聊。為什麼呢？學校的學習怎會變得無聊呢？問題出在學校。因為讀書不是出於自己的意願，而是成為一種義務。不喜歡讀書的孩子，是因為他們還沒有嚐到讀書的美味，早早就放棄了。小孩應該有適性的讀書方式，配合自己的能力和特質，而不能一視同仁，只一味強調讀書，否則就會有跟不上的孩子。

也許想像學習是一件快樂的事，但如果不能學以致用，讀書還是讓人快樂不起來。但是如果好好學習之後，可以派上用場，就會開始期待更多的學習。例如學習吉他，如果可以想像將來學成之後演奏的光景，就會怦然心動。學習過程中或許會有挫折，但如果對學成之後有所想像，就可以持續努力下去。

沒有人一開始就討厭讀書。學習是很快樂的事。**能夠兼顧學用的自主學習是必要的**。不喜歡讀書的理由是只有學習書本中的理論，卻無法加以運用。開始讀書的時候，如果能夠知道讀書的用處，會讓人更願意學習，也會更快樂。

教學重點

享受學習

在論語雍也篇第十八章，子曰：「知之者不如好知者，好知者不如樂之者。」是說知道的人不如喜歡的人，喜歡的人不如享受的人。把書讀好的方法很簡單，只要快樂就可以。最容易使用的方法是玩樂和遊戲。這雖是好方法，但困難在於不能普遍和持續使用。就普遍性而言，最方便使用的方法是問答對話，在短期內或許沒有辦法見到效果，但經過一段時間之後，就可以收到效果，使讀書發生美妙的滋味。

此外，不要過分強調效果，使人感覺到讀書過程中的快樂也是很重要的。可以透過發現新的問題，並且解決問題，在過程中享受學習的樂趣。

學習活動〈甜蜜的猜謎箱〉

按照孩子的年齡和個性，可以使用許多不同的方法。但在孩子入學的那一天，可以辦一些特別的活動給孩子留下快樂的印象。例如在學好字母的時候，或是入學的當日，開派對或給孩子吃蛋糕來慶祝。也可在孩子入學之前，一起閱讀謎語書，一起猜謎。猜到自己的想法的時候，可以送孩子甜點，使孩子認知到學習是甜蜜的。

製作甜蜜謎語箱

①在一張紙上寫下謎語，同時在紙上貼上糖果、軟糖或巧克力。
②讀書之前跟孩子一起抽出一張謎語，讓孩子自由發揮想像。
③孩子分享完自已的想法之後，把紙上的點心送給他。此時不管孩子的答案對不對，重要的是他能夠分享出自己的想法，並且順著他的想法，追問一些問題，刺激他更進一步地發展想像。

猶太人講故事和玩遊戲的讀書法

增加想像力的讀書

想像力是所有人的基本能力之一。
透過想像力我們跳出現實的陷阱，
並且進入意識裡享受無限的自由。

——聖・湯瑪斯・摩爾（Saint Thomas More）

想像力的讀書法

不論大人小孩都喜歡聽故事。小孩子可以聽故事聽很久。為什麼大家都喜歡聽故事呢？那是因為可以想像，而且小孩子的想像力特別好。想像力是人類的特長和優勢。暢銷書《哈利波特》的作者J・K・羅琳，從小就常說「想想看如果我們是……」。她是把想像當作口頭禪那樣地喜歡。兒時在玩樂中培養起想像的能力，長大以後就成為供應全世界想像力的根源。

什麼樣的讀書法能夠增進想像力呢？

一、聽故事

聽故事能增加人們的想像力。我們感受到的幸福大部分是在想像裡面實現的，也就是說我們在想像的時候是最幸福的。尤其是在孩子的成長期，是想像力最豐富的階段。這時候講故事給小孩聽，不但可以引發小朋友的想像力，也可以讓他們感到幸福。巴斯德（Louis Pasteur）曾說：「想像就像是世界的肌肉，若沒有想像力，世界就只剩下骨頭。」拿破崙也說：「想像力支配世界。」

猶太民族是講故事的民族。猶太人的教育也就是講故事的教育。猶太人父母每天在小孩睡覺之前，會坐在床邊講故事或唸故事書給孩子聽。特別是猶太人會把上千年的民族歷史，透過口語傳遞給後代的子子孫孫。舊約聖經是他們的歷史書，同時也是信仰書，裡面全都是故事。小孩從小就聽自己國家民族的故事，長大以後自然就有清楚的自我認同。這種故事教育，自然而然就讓孩子從小學會了啟發想像力和創造力的方法。

猶太民族的故事就是聖經的故事。聽聖經的故事有教育小孩建立自我形象的效果。因為是跟自己有關的歷史，就會有興趣，並且專心聽。猶太人聖經歷史書中的故事，是掌管猶太人一切的耶和華神的故事，有一貫的脈絡，有清晰的歷史主題，能夠傳達確切的意義和教訓。

猶太人現代的故事也很多，猶太人往往給孩子們聽祖先在馬薩達對抗羅馬軍入侵一直到城破自盡的故事。孩子更大一點的時候，父母會帶他們去馬薩達，去感受現場，並重新回味歷史的故事。他們也常傳述希特勒用毒氣屠殺六百萬猶太人的故事，並且帶孩子去集中營現場，緬懷遭難的族人。這是猶太人特別的學習法。失去了國家，流離失所的猶太人歷史，比世界上其他民族的歷史更生動更真實。這種故事比小說、電影和電視劇更刺激，也帶給人更深的感動。透過故事，也讓子女們的想像力和創意連結起來。最好的例子是從小聽故事長大的大導演史蒂芬史匹柏，他拍攝了《辛德勒名單》這部電影。

讀書的根基是故事。希望子女們讀好書嗎？那麼就得讓他們從小多聽故事。透過故事來讀書，不像其他令人煩厭的讀書方式，可以快樂地讀書。聽故事和講故事的過程可以培養想像力和創意。

發現特洛伊遺址的考古學家舒利曼（Heinrich Schliemann）並沒有接受過正式的學校教育，但他從小立志要發現古代的城市。他之所以定下這個志向，是受到父親的影響，因為父親常常講述荷馬的史詩給他聽。舒利曼八歲的時候，看到雜誌上火燒特洛伊城的圖像，就想到古特洛伊城是如此的壯大，應該會留下一些東西來。他在四十八歲時，終於發現特洛伊遺址。他成就了世人覺得不可能的事。沒有一個人要求他做這件事，但他因有夢想，也勤奮學習，終能成就夢想。這都是從故事開始的。

猶太人的塔木德由兩部分的內容所組成：哈拉卡（Halakha）和哈嘎打（Haggadah）。哈拉卡是律法和規定，對一般人來講，有相當的難度，通常只有拉比才能閱讀。相反地，一般人可以閱讀的哈嘎打，內容是故事、訓言、詩歌、軼事、寓言和趣談等，也是目前介紹塔木德的主要內容，是連小孩都可以理解的故事。像塔木德這樣的結構，可以透過故事產生讓所有人都能接受的力量。

拉比，我怎麼想都想不通，連仇人之間都可以彼此相助，富人擁有很多，卻不相助，原因何在？

你往窗外看去，看到了什麼？

看到有人牽著孩子走路。另外有人開著車進入市場。

是嗎？那你現在看看牆上的鏡子，看到了什麼？

當然只看到我的臉。

是的，鏡子和窗子都是玻璃做的，但塗了銀色的，就只能看到自己。

上面是塔木德哈嘎打裡面的一篇故事，讀了有何想法？

我們小時候聽過的寓言和故事往往一輩子忘不了。聽到這些故事的時候，並不覺得是在讀書，只是想到聽故事，就讓人心情平靜，可以專心聆聽。所以小孩們喜歡聽故事，甚至超過三十分鐘也可以集中精神，不會亂動。這是令人驚訝的，因為一般而言，小孩的注意集中力平均只能維持幾分鐘。

聽一則好的故事就可以學到很多。充滿眼淚和歡笑的人生故事會帶給人學習的動力。大部分優秀的教師在授課之前，通常都會採用這種方法，因為故事可以抓住孩子的心。把很多的故事、訓言、俗語和趣談放在心中，在讀書讀累的時候，可以當作調劑。塔木德裡面有像海一樣多的故事。猶太人把這些故事拿來做為讀書的動力。不會一直強調讀書，而是透過故事的講述，讓人想要讀書。

二、遊戲有助於想像力的成長

孩子在遊戲中會增加想像力。小的時候要多玩。玩的經驗越多，想像力也會更豐富。可以從猶太人的教育系統看出他們想像力豐富的源頭。在以色列的幼稚園，很多五、六歲的孩童還不會寫自己的名字或數數。在我們看來這是不得了的事。但猶太教師和父母並不關心他們的孩子會不會寫字。以色列的幼稚園教育過程裡，是要進去小學的前幾個月才讓孩子學寫字。而且是非常基本的字而已，就是一些字母和自己的名字。猶太人不會教兩歲的孩子寫字，但透過繪畫來讓孩子表達想法。老師們不讓孩子背單字或數字，反而讓他們在戶外自由玩耍，在沙堆玩沙土或使用回收的廢物玩遊戲。透過與其他孩童一起玩耍，自然而然培養起孩子們的人際關係、解決問題的能力以及想像力。特別是他們使用自己組裝的玩具更多於現成的玩具。

以色列的幼稚園跟我們的幼稚園不同。我們的幼稚園在院子裡填滿了各種顏色的童話圖案，甚至遊樂設施也都大同小異。但猶太人的幼稚園裡面有許多殘破的門、脫落的輪胎、少了把手的鍋子、缺腳的椅子等不堪用的器物，像是廢物倉庫一樣。猶太人在像廢物倉庫的院子裡可以發揮想像力。各種器物可以引發孩子的好奇心和想像力，也能讓他們期盼新的事物。這些在大人眼中不登大雅甚至有點危險的器物，卻是孩子們最佳創意來源的科學教室。

猶太人的教育讓孩子思考新事物，但我們從小到大的教育卻讓學子們去找答案。**猶太人的教育重點不在找答案，而是在找答案的能力，所以孩子們不會彼此競爭。不被分數和競爭挾持的讀書，給了孩子一對想像力的翅膀。**

教學重點

邊玩邊想像

小孩可以一邊玩一邊增加想像力。給孩子現成的玩具不會增加想像力。給小孩最好的玩具，是能讓孩子自己去組合，而且可以讓他自由發揮的材料。不必去買特別貴的玩具或材料。在家附近的工廠撿回的小木頭，或者是平時收集的廢物，都可以讓孩子玩得很開心，這些都是很好的方法。

現在流行的蒙特梭利幼兒教育，本來是為了特殊教育發展出來的。所以這種教育會使用特定教材和教具，而且在固定的場所，是以老師為中心的教育方式。後來這樣的教學法擴及到一般的兒童。對無法自學的特殊兒童來說，這種方式最有效。但對一般兒童而言，反而是自由發展創意與想像力的方式，比有固定教案的方式還要好。可能的話，最好的教育方式是轉向小孩，讓小孩在自由的氣氛之下，去發揮潛在的想像力。

檢查表！

『增加想像力的玩具選法』

- □ 這玩具是否只有華麗的外型？

□這玩具是否有許多不同的玩法？

□這玩具是否玩起來讓人放心？（安全，堅固）

□我家的玩具是否具備多元的領域？

包括：益智性（例如：書、拼圖）、社會性（例如：模型玩具、人物模擬）、藝術性（例如：音樂、美術）、體育性（例如：球、溜滑梯）等

□這玩具是否適合孩子的年齡層？

以不單純的好奇心來問問題

問號開始的讀書

沒有篩選就全盤接受的人，
權力和自己都一同敗壞。

——塔木德

要擁有不單純的好奇心

偉大的發明家通常與一般人不同，他們會從很小的事情裡面產生好奇心。小孩與大人不同的地方也在於好奇心。好奇心最豐富的時期是最好的讀書時期。失去好奇心會讓人不想讀書。小孩對讀書感到厭煩，是因為沒有好奇心的緣故。

會讀書＝自主學習

很會讀書的秘訣在於自主的學習。自主學習的方法之一就是有好奇心。為了讀書，必須先產生好奇心。一旦有了好奇心，雖然沒有人指導，依舊會有慾望去研究事物。儘管學習過程困難，有了研究的慾望，還是可以自主地學習。

在犯錯中培養思考能力，在疑問中開始學習

好奇心會讓人去思考。讀書會促進思考能力。即便是一樣的問題，不同的想法也會產生不同的答案。重點不在於短期之內提高考試成績，反而在不斷的犯錯過程中，培養出思考能力才更重要。促進思考能力的方法就是不斷地懷疑。所有的學習是從疑問的發生開始，而疑問是從好奇心

開始。小孩子有好奇心，想去知道所有的事情，他們常常會問為什麼。人一出生對所有事都有好奇心：燈為何會亮？為什麼會有夜晚？風為什麼會吹？人為什麼有兩個眼睛、兩隻耳朵，卻只有一張嘴？像這樣的問題不斷地被提出。所以孩童常常會向父母親提出問題。這時候如果罵孩子，他們就不再問問題，也不再對事物有好奇心。不斷提問和感到好奇是小孩的本能，要把這些當成自然的事，不要覺得很奇怪。

塔木德教導猶太人：「沒有篩選就全盤接受的人，權力和自己都一同敗壞。」猶太人以不斷的疑問來學習，並不追求明確的答案。他們不會因為書上有寫就全然接受。當猶太人使用塔木德來討論的時候，沒有開始也沒有結束。大多數人在問答的循環之間找到本質。他們不接受知識的現況，而是以繼續產生疑問的方式來教育孩子。

猶太人透過提問來學習，同時學會解決人生難題

相對來看我們，當人被問問題，就會斜眼看人，自覺不被信任，並且阻止別人發問。所以，人們不會有好奇心，也不容易產生創意。所有的事物都隱藏著人們不知道的真理，只要找到一個就成功了。但在失去提問能力，直接接受的文化中，人們將不再思考。

疑問就是思考。疑問是透過口語具體呈現。猶太人透過提問來學習，同時學會了解決人生難題的能力。持續透過這種方式來學習，就沒有無法解決的問題。

猶太人教育的焦點在培養子女冒險的精神。父母透過與子女對話來誘發好奇心，並且讓好奇心表現出來。

猶太人不因孩子犯錯而處罰孩子，反而透過所犯的過錯來教育孩子。例如孩子不慎摔破杯子，猶太父母不會責罵孩子，反而問孩子為什麼杯子不是往天上去，而是往地上掉。這是一個解釋萬有引力的好機會。所以周遭發生的一切事物都是教育孩子的材料。好奇心可以讓孩子思考，而透過提問更可以刺激孩子更高的讀書慾望，並且培養出自主學習的能力。

要有聰明的頭腦，就要持續運用好奇心和提問題。一個想法會帶出聯想的效果，思考能力可以用這種方式開發。頭腦不僅僅是資料庫，而是可以用新的程式來開發的起始點。從小養成善用好奇心和提問的能力，用這樣的方式來促進思考的力量，所有的孩子都能成為天才。

塔木德裡有一句話：「不單純的好奇心是神派遣給人的最佳引導者。」

猶太人愛因斯坦是二十世紀最偉大的科學家之一，他自幼就充滿好奇心。對所有人都認為理所當然的自然法則，愛因斯坦卻因好奇心的緣故，從裡面發現了相對論。

「人們可以精準量測世上一切事物嗎？」「重量不會隨地點、時間和溫度改變嗎？」他最終找到了解答。所有的物體和事件不是獨立的存在，而是跟其他事物的存在有關，並且不是絕對的，乃是相對的存在。

「慢慢地、小心地把一公斤的磚塊放在人的頭上，這是可以承受的。但是人卻無法承受同樣重量的磚塊，從一米高的地方掉到頭上。更何況是從十米高的地方落下的磚塊。磚塊的重量跟向下掉落的速度有關。」

愛因斯坦用數學的模型來表現這樣的關係 $E = MC^2$，這就是相對論的理論模型。愛因斯坦用超乎尋常的想像力來思考，因而發現震撼世界的相對論。偉大的發現都從好奇心發生。想想看，多少次人們嘲笑子女看似荒唐的好奇心，如果帶著好奇心看世界，所有的事物都有可以學習的內容。有時候在人們的周遭環境中，有著比書本裡更值得學習的啟示與法則。

讀書的第一步是提出問題

猶太人有格言如此說：「**好的問題勝過好的答案。**」從理論開始的讀書當然會讓人沒有興趣，也不能在心裡面產生動機。科學家的研究證明，無趣的碎念會讓人腦關閉。單向的講解和理論的介紹無法刺激腦部，但是我們大部分的讀書法都是這樣開始的。然而，如果以提問的方式開始，卻會讓人腦醒過來，因為一旦有人提問，人們就會關注提問的人。沒有比提問更好的方法來讓人有學習的動機。與子女對話時，要盡量回答他們的問題，要展現親切的態度，並且導引他們提出更多的問題。

愚笨的問題是啟發創意的起點

在猶太人的學校中，競相舉手提問是普遍的現象。能夠提出問題就表示這個人專心在學習。透過提問可以掌握學習的本質和重點。以提問來進行課程，會使課程充滿樂趣。如果一個班級有三十人，每人提出一個問題就會有三十種的思考方式。這樣的學習其實就已經足夠了。這種提問的力量長久以來運用在猶太人的教育現場。所有的問題都可以提出。鼓勵提問和回答問題的文化應該也要在我們國家推廣。我們常常習慣在尋找一個標準答案，以至於不敢提出問題來，「不是正確的答案怎麼辦？」這樣的想法妨礙了人們提問。英國知名數學家和哲學家懷德海（Alfred North Whitehead）曾說：「一個愚笨的問題是另一個新的發展的開始。」愚笨的問題反而是啟發創意的起點。答案只有在持續提問中才找得到，而且每個人都有機會找到答案。

這種問答方式如同猜謎語遊戲，也是猶太人經常使用的讀書方式。猜謎語也是一種問答的教育法。猶太父母熱愛在教育中使用猜謎的方式。在猜謎語時候的緊張精神狀態，也會有刺激腦部的效果。猶太家庭經常用猜謎的方式對話。

舉一個猶太母親與孩子在猜謎語的例子：

「火災裡失去了所有的財產，還能倖存的是什麼？提示：無形、無色、無味。」

答案是什麼呢？就是「知識」。透過這種有趣的猜謎方式，自然而然就把讀書的重要性讓孩子知道了。

再舉另一個猜謎的例子：

「人的眼睛有白色和黑色的部分，但為什麼透過黑色的部分才能看見事物呢？」

答案是因為人生唯有透過黑暗才能夠看到光明。雖然只是短短的問答，卻蘊含了祖先的深奧智慧與對人生的教誨。

我們的學習幾乎不會使用猜謎的方式，因為我們有一種偏見，認為讀書是安靜嚴肅的活動。按照課本的內容來學習，在時間上都已經來不及了，怎能透過猜謎語來妨礙讀書。然而猜謎語本身就是一種很好的讀書方式。課程開始之前先來個猜謎的遊戲，有助於提升學習的氣氛，也能促進注意力集中。這是在家庭、學校、職場都可以常常使用的問答式讀書法。猜謎語是跨越世代的一種讀書法。

猜謎語要配合孩子的程度，提出合適的問題引發孩子學習興趣。猜謎語結合了問題和遊戲。玩猜謎語有助於提升字彙能力、聯想力以及想像力。猶太小孩一開始懂得大人的語言，就開始猜謎遊戲。例如看見身體的某個部位，就可以指著這部位說：「這是什麼？」、「為什麼長這樣？」、「有什麼用處？」這是經典的問答方式。孩子再大一點，就可以玩猜猜看的遊戲，例如「長的相反是什麼」？有時候會提出抽象的名詞來問問題，從簡單的開始，慢慢發展到抽象的問答。這種方式後來就變成問答式讀書法的起點。透過猜謎語的遊戲，可以讓人快樂地學習言語和事物的正反、比較、猜想和抽象的概念。猜謎語以玩遊戲和問問題的方式來學習多元思考，是大人小孩皆宜的讀書法。

在小孩有了抽象思考能力和比較的概念之後，就可以玩「跨二十座山」和接龍遊戲。全家一起吃飯的時間就可以進行猜謎語遊戲，這是一個對學習很有幫助的起頭。孩子們也可以自己去發想出謎語，這也是一種很好的方式。

教學重點

讓人有好奇心的提問

人原本就有無限的潛能，能開啟無限潛力之門的是好奇心和提問題。主動提問是讀書的出發點。所有的問題不要看原本的樣子，乃是要從其他各種不同的角度來看，方能有洞察力。我們不要被自己的偏見限制，應該把焦點放在好奇心，而不在於學習。

「我沒有特別的才能，但是對所有的事物都有狂熱的好奇心。光是好奇心本身就有存在的理由。」

——愛因斯坦

學習活動〈好奇心接龍〉

當孩子有好奇心的時候，可以用問問題的方式來誘導。為了讓孩子持續不斷地提問，也要適度地向孩子提出問題，讓孩子的想法不要中斷。玩好奇心接龍可以刺激孩子的好奇心，也能夠給予孩子自由提問的機會。

好奇心接龍

①猜拳決定出一個人。

②好奇心接龍不只是單字，而是用有好奇心的提問開始。接續的人也是用好奇心的問題來連接。遊戲參加者接續用更深入的提問來玩。

例子：為何地球是圓的？↓如果地球是四方形的呢？↓在四方形的地球的頂點上可以住人嗎？↓……

③若有人接不出新的問題，就必須回答前一個問題。如果回答得很有道理，就可以從這裡開始另一系列的問題。

猶太人的虎子帕文化

失敗爲學習之母

過度的恐懼失敗，
要比失敗更糟糕。

——猶太格言

年輕人！用虎子帕站起來

猶太祖先語錄有言：「有行動力的人才能夠讓智慧長存。雖有智慧，沒有行動，就不能保有智慧。」這是在強調**實踐的重要性**。我們往往只做已經通曉的事。這是因為可以掌握結果，是安全的行動。但是人的所知有限，資訊也不盡然全部正確，只追求眼前所見的人，就會失去更多看不見的世界可以給予的學習機會。人所理解的往往是不完全的。

學習通常是透過書本，但經由失敗的經驗也可以達到學習的效果。書本是把已經確定的事記錄下來，但透過失敗來學習，卻有更多新奇事物學習的可能性。為了發現新事物，就必須經歷多次失敗與錯誤。害怕失敗和錯誤，就什麼也得不到。**唯有經歷失敗才能創造出的新事物。**失敗經驗愈多的人，就愈有可能產生更多新的想法和創意。

我們害怕讀書的理由之一是害怕失敗。害怕失敗使得學習產生困難。但**透過失敗卻能鍛鍊出學習的肌肉，失敗本身就是很好的讀書法。不怕失敗繼續挑戰的人，能成為一個學習力強的人。**

不怕失敗、勇於挑戰的虎子帕精神

猶太人有一種「虎子帕」（Chutzpah）文化，他們稱這種文化是以色列人的力量。在意第緒語中，虎子帕的意思是不知恥、目中無人、詭詐等意思。用我們的話來說，就是傲慢無禮的意思。我們不喜歡這種讓人討厭的負面語詞，但猶太人卻不這麼認為。虎子帕有創立以色列國家的精神，以色列能夠成為新創國家，正是因為他們有不怕失敗繼續挑戰的虎子帕精神。

虎子帕精神也可以用在讀書。塔木德有言：「不要百分之百同意拉比的教導，反而要常常站在反對的立場來辯論」，所以猶太人**可以跟所有的人爭論，並且接受在過程中的失敗**。

反觀我們的社會，如果學生問了奇怪的問題，甚至反對老師的意見，會被當作是問題學生。贊同老師的意見是在學校的生存法則。但是猶太人並不以為然，他們認為任何人都可以提出相反的意見，並且鼓勵這樣的行為。這與地位、性別、年齡、職業無關，對所有人都適用。這種文化讓人覺得想要繼續學習，也能夠鼓勵人們持續挑戰新的事物。**把失敗也當成一種讀書的方式，可以繼續研讀下去，可以從中學習新的事物**。如果有一百次的失敗，就會有一百次的學習機會。如果這樣想，失敗本身就是一種學習。

猶太人不但紀念光榮的節日，也同樣紀念失敗的節日。透過失敗的經驗，他們得到新的力量。他們認為沒有比失敗更好的教訓。仔細考察猶太人的歷史，確實是有許多反覆的失敗。回顧失敗的歷史，可以讓猶太人下定決心，不再重蹈覆轍。**失敗有從痛苦中學習的意義，如果把失敗當成學習，就不再怕失敗，也不會中途放棄。**

教學重點

擺脫尋找答案的讀書法

鼓勵去挑戰文化的學習是有趣的。但是我們的讀書文化只在意找到答案。實際上，所謂的答案未必是正確的。只找答案的讀書法，是害死教育的原因。這種讀書的方式，一旦時間過去了，也就沒有價值了。

我們應該盡快跳脫找答案的讀書法，一個問題一個答案的模式製造了許多失敗者，這是因為這種模式以統治階級為中心，並因而造成了我們教育制度的崩壞。**不是對與錯，而是不一樣，這是我們必須去改變的認知習慣。如此才能提出多元的問題，並且可以接納這些問題。**雖然會有失敗，但把失敗當成另一個解答的過程，這樣才可以建立一個成熟環境，可以接受失敗。

只要一次大考失敗，就失去人生意義的想法，確實提高了年輕人的自殺率。但我們依舊不願意改變讀書的方式。我們真的需要一個挑戰失敗的考試制度，用來補救目前的制度。人們在思考和提出問題的時候，就已經進入了讀書的狀態。如果沒有提問題，就不會有失敗，但也表示還沒有真正進入讀書狀態。

學習活動〈製作人生犯錯經驗的紀錄〉

人們通常會在考完試後訂正，並且把錯誤記錄下來。這個活動是與子女一起來訂正人生。不要忽略之前曾經犯過的錯誤，透過整理出來的錯誤，會發現失敗也是很寶貴的經驗。

製作訂正人生的紀錄

①準備一大張紙，畫出人生的曲線（可以一年或五年為單位）。
②檢查在自己人生經驗中掉落低谷的地方，發生了什麼事。
③關於那些事情感受到或發掘到的心得，與大家一起分享。

安息

可以休息的讀書

人的價值決定於，
如何安排休假。

——塔木德

猶太人的安息日

人的腦子無法接收所有的資訊，是因腦部過載就無法處理資訊。要讓人腦建構出新的迴路，並且讓迴路穩定，需要一段調整的時間。新的迴路產生之前，腦部無法處理新進的資訊，但這時候的腦部並非在休息狀態。人們休息的時候，新的資訊會與既有的迴路連結。但是在資訊還沒有與迴路連結之前，更新的資訊進入腦部，會使得尚未連結的資訊消失。考試前一天讀書效果不佳的原因就在這裡。考完之後，什麼都沒有留下來，正是因為腦子沒有時間整理持續進來的資訊。讀書需要休息。為了提高讀書的品質，人們需要休息。

古代亞述人一週有六天。羅馬人一週有八天。我們現行的一星期七天是怎麼來的呢？以七天為一週的制度是猶太人建立的。猶太人把第七天叫做安息日，這天要徹底地休息。

猶太人的安息日是神聖的日子（holiday），稱為撒巴斯（Sabbath），是停止的意思。我們一到休息的日子，會安排旅行或休閒活動打發時間。但是猶太人完全相反，我們所享受的一切都要禁止，也不會外出。休息的日子必定要與家人同在，安靜地省思。在耶和華面前回顧前一週的過犯，並且籌畫下一週。對他們來說，安息日是反省的日子。在塔木德中，定義了三十九件勞動事務，在安息日，這些勞動事務都被禁止。例如打開電器、開車、使用手機、看電視、使用電腦等等，都一概禁止。有一句猶太俗諺這麼說：「安息日點了蠟燭，家中的悲傷就會離開。」這是因為食物已經準備好了、衣服也換好了、已經準備好跟家人一起分享，一起度過安息日。這是徹底地休息來回顧自己的生活。

一個人的價值由他如何度過休息日決定

一個人的價值決定於他的休息日是怎麼度過的，這是塔木德裡的教導。也可以說不是猶太人守護了安息日，而是安息日守護了猶太人。猶太人在安息日時安靜地面對自己，提出了「到現在我做了些什麼？以後要做什麼？」等問題，並且與家人使用律法書和塔木德來分享，同時安靜地禱告來享受安息日。安息日是使所有的猶太人成為王者的日子。無論何人在這一天都不會被支配，是完全自由的日子。不管自己的狀況和環境如何，這一天都可以成為王者。

猶太人的安息日不是什麼事都不做或玩樂的日子，反而是學習的日子，但卻不是上學讀書或準備考試那樣的讀書學習。全家共享晚餐，透過對話來學習律法書和塔木德。律法書和塔木德的內容是有關於人的，是全家大小可以一起討論和爭辯的。猶太小孩不是在學校學習讀書的方法，而是在與家人同過安息日的時候，自然而然的學習。

在休息日打好讀書的基礎

對猶太人而言，**讀書是休息，像休息一樣的讀書**。在安息日，猶太人把想說的都說出來，並且回顧人生。父母一定要與孩子一起度過安息日。因為這是教育小孩的時間。不強調讀書，而是透過安息日學習讀書的方法，學習讀書的人生。想想看，一週裡面有一天，全家人在一起，不是為了考試讀書，而是真實地面對人生，一起度過。子女的心理素質提高了，下一週在學校的學習也會變得有趣。像這樣賦予孩子學習的動機，不需要嘮叨，孩子就會自動自發在校園裡學習。

猶太人的子女在安息日透過與家人互動，打好了讀書的基礎，同時也得到了數千年流傳下來的讀書法。讀書需要的動機、專注力、耐心、幸福感、願景、語言能力和自動自發的態度都可以一次得到。

在生活中學習

在安息日學習的律法書和塔木德尤其是最高等的書。這不是為了成績或就業而讀的書，乃是為了領悟真理，成為社會中有意義的人，為此而學習的書。透過這樣的書，自然就會對讀書產生動機，並且從小就進入高層次的學習狀態，反而學校裡的學習就顯得很簡單。這是猶太人讀書法的精髓。所以猶太人的讀書法愈學就愈快樂。我們的讀書是從低層次到高層次的，這與猶太人的讀書法相反。從小就學習高層次的思考與讀書法，並不是在學校裡面可以教導的，而是只有透過家庭和安息日才可以習得。不只是用頭腦，也是在生活中學習。也不是透過書本，乃是向父母親學習。

猶太人之中吸菸、酗酒、離婚者以及離家出走的青少年非常少見，比例是全世界最低的。人生總會有困難，但猶太人透過安息日重新得著力量。我們自己呢？猶太人安息日讀書法是清楚的就像休息一樣的讀書法。**想要把書讀好，就先要學會休息和玩樂。**

教學重點

要讀書，也要休息

我們也有餐前教育。長久以來，我們一直有全家一起用餐的文化。當然在我們吃飯的時候，只是單純地吃飯，沒有對話。尤其是在餐桌禮儀中，規範了孩子絕對不能與大人說話。是不是可以考慮像猶太人一樣，在週末或假日，訂定一個家庭日。全家在一起，邊吃飯邊聊天，很自然地教育子女。可能的話，在這一天把所有的事情和功課都拋開。不必像猶太人一樣持守一整天的安息，只利用晚餐的時候也可以。可以的話，從孩子小的時候開始，建立起家庭文化。現代人已經失去了家人之間的對話，家人見面不易，但訂出時間來彼此見面，不但有助於子女的學習，也可以陪伴孩子經歷人格的正面轉變。

學習活動〈建立我們全家的家庭日〉

在一個星期或一個月中選一天，訂定為家庭日。寫下家庭日要遵守的事項，貼在牆上。

①家庭日前一天把所有的功課完成。

②

③

④

⑤

打開思想的讀書

打開心，打開思想

學習是為養成瞬間的洞察力而準備。

——塔木德

養育子女不用大聲教訓

學習不是頭腦的工作，而是心的工作。心若沒有打開，思想也不會打開。若要能好好念書，心中要平靜，而且要覺得快樂。有耐心持續讀書的力量是從心而生。**讀書的實力其實是人的心理素質**。如果一個人的情緒商數（ＥＱ）不佳，就不能讓智商（ＩＱ）發揮出來。為了能好好地讀書，必須先學習建立好的EQ。這是許多人未注意到而失敗。人生的目的、讀書的理由、學習的態度等，都與心理素質有關。這是點燃讀書之火的火種。孩子不想讀書的最大理由，就是缺乏讀書的動機。

如何擁有好的心理素質呢？首先要有好的家庭氣氛。與父母及手足之間的關係良好，就會有動力讀書。反之，若關係不好，就會難以專心。為了讓子女專心讀書，首先應該營造一個良好關係的環境。

培養讀書的動機

其次，要有謙虛的心。讀書必須要有想去學習的慾望。如果人不覺得有需要學習，就難以讀書。自己覺得不足的人，才會投入學習。會讀書的人都說，是被一個瞬間強烈的學習動機點燃，而有了加速度學習。我們羨慕的那些會讀書的人，通常並非一開始就很會讀書。反而是有許多起初成績不好的學生，因為在某個時候下定了決心，而成為會讀書的人，這樣的例子很多。這代表什麼呢？讀書不是用頭腦，而是用心來學習的。許多學生覺得讀書很困難，正是因為心裡面沒有準備好，沒有讀書的動機。

謙虛的學習態度決定了讀書的能力

猶太人所稱的「學者」是從 lamdan 這個字來的，意思是學習的人。這是什麼意思呢？不是結束學習，而是繼續學習的意思。猶太人到死前一刻，都還在繼續學習。**猶太人尊敬學習的人。**如果不學習，就不是人。**人若終止學習，就跟死人沒有兩樣。**如果人知道有所不足，就會投入學習。**愈覺得自己不足，愈會對學習有熱情。**因此，會不會讀書是在心裡面決定的。怎麼樣的心理素質和品格，就有怎樣謙虛的態度，也因此決定了讀書的能力。

猶太人讀書之前，有一段禱告的時間。猶太人透過禱告來發覺自己的不足，學習謙虛的態度。

猶太人讀書前會拍掌禱告，也搖擺身體大聲禱告。信仰猶太教的猶太人在讀書學習之前，會跳舞唱歌直到非常興奮的狀態，是為了以心靈的平安和快樂進入學習。心靈平安是這種讀書法的重要原則。

身心狀態良好，就容易有學習的欲望。猶太人為了達到最佳的學習狀態，讀書之前會用唱歌、禱告、默想等方式來培養身心。以這種心靈狀態來讀書，效果會強上好幾倍。

教學重點

打開思想之前先把心打開

被父母責罵再讀書，是讀不了書的。但是我們父母往往不管孩子的心理狀態，一直要求孩子讀書。心情鬱悶就無法念書。尤其是心中憤恨，腦子也不會運作。憤怒有損記憶力，難以產生有組織的想法。生氣或憤怒的時候，幾乎無法增進讀書效果，反而因為記憶力退化，讀書效果更加低落。

如果子女讀不下書，可以多與他們聊天、出去吃飯、一起旅行等，用這些方式來恢復子女的身心狀態，這是最重要的事。也要去修復在父母及手足和親友等之間的人際關係，因為在人際關係中找到自己的意義也很重要。如此一來，孩子不用被強迫，也會自己主動讀書。

檢查表〈我的孩子是不是在憤怒的狀態〉

子女的心中若是充滿憤怒，怎麼勸他讀書都沒有用。先了解孩子的心情，是讓他們可以好好靜下心來讀書的教育方法。師長可以透過下列的檢查項目，先來了解在孩子心中的憤怒指數。

〈輕微程度〉

□早出晚歸
□不合作態度
□故意拖延時間
□不按部就班
□一再反覆
□內向
□裝聾作啞
□不想聽
□故意裝傻
□健忘現象
□扭曲事實
□霸佔電視
□用腳踹門
□猶豫不決
□離群
□操控別人

〈中級程度〉

□拒絕清潔身體與生活環境
□過度固執
□看似生病，行動不正常
□無法愛人

□與人作對
□經常缺席
□在校經常做出下流的行為
□負面思想
□不接受他人的讚美
□故意犯錯
□拒絕說話、沉默不語
□拒絕擔當責任
□無法計畫未來
□衝動
□拒絕規律生活

〈嚴重程度〉

□拒絕進食
□在學校故意失敗
□嚴重拒絕健康管理
□與人刻意建立情感連帶，又突然斷絕關係
□經常說謊
□對事物漠不關心
□努力編造一種疾病
□誣告他人

第二章

以五感讀書

刺激五感培養讀書的力量

我們不要失去神所賜的美感，
每天至少撥出一些時間來，
聽音樂、讀詩、欣賞畫作。

—— 歌德（Johann Wolfgang von Goethe）

讀書法中有節期
五感讀書法

人如果沒有去思考傳統的意義，就像需要依賴別人的盲人一樣。

——塔木德

猶太人的全人教育

我們的學習常常停留在知識層面，學習幾乎都依賴書本。但猶太人的學習不一樣，是全人的學習。猶太人研讀律法書的時候，不把這本書當成工具書。他們把律法書裡面的詞句寫在小盒子上，把盒子戴在手腕或貼在額頭上。另外，他們也把字句寫在長方形的盒子裡，貼在門楣和大門上。這是按照律法書的教訓與教導所行的。小盒子裡面有四格，分別將〈出埃及記〉第十三章第一至十節、〈出埃及記〉第十三章第十一至十六節、〈申命記〉第六章第十一至十六節、〈申命記〉第十一章第十三至二十一節的經文寫在裡面。猶太人到今天仍然把這些經文貼在身體和門上，出入的時候，親吻這些經文。這是把經文刻在腦中和手上的視覺訓練，是為了不要忘記經文而將之刻印在身上的五感讀書法。

猶太人從安息日開始，有幾個節期，分別是逾越節、住棚節、大贖罪日、普珥節和光明節等節期。這些節期等同於我們的國定假期。通常闔家會持守節期一個星期的時間。猶太人視節期為學習的期間。他們透過所有的感官來學習聖經、傳統和歷史。光是遵守一年的節期，就可以把歷史學好。

透過五感學習節期的範圍包括歷史、哲學、思想、儀式、傳統、民族性等，幾乎是包括所有一切。例如，在普珥節期間，有製作象徵惡人哈曼的餃子來吃的習俗。製作與食用哈曼餃子的時候，就讓猶太人憶起勝過惡人哈曼的歷史事件。像這樣透過五感來學習的讀書法，在猶太人的生活中處處可見。猶太人頭上戴著的小帽，是為了紀念耶和華神與他們同在，並且提醒人是在耶和華至高神的底下。男嬰在出生後八日，要割除包皮，代表他們是從耶和華神分出來的民族。猶太人一生中無時不刻看到自己受過的割禮，不會忘記自己的身份。

除此以外，傳統猶太人不論老少，衣服的一個角落都縫有一條深藍色的線，象徵耶和華神的律法。透過這一條線，猶太人提醒自己不要靠著自己的想法，而是要按照耶和華神的律法來過生活。另外，猶太人在婚禮中，必定有一個打破玻璃杯的儀式，這是有著深刻的意涵，提醒猶太人曾經在不順服耶和華神的意旨時，他們的聖殿被破壞，猶太人就進入到苦難中。另外一個意思是表示婚姻就像杯子一樣，破壞了就不能恢復。提醒新人一旦進入婚姻，就不能回頭，婚約是一件永遠的事。

這種五感讀書法讓人學習教訓，讓人在實踐中學習，而且以許多的儀式和象徵烙印在腦中，難以忘懷。

教學重點

透過五感教育

人是透過五感來認識事物，但五感的特徵在於用進廢退。就像歌德所言：「我們不要失去神所賜的美感，每天至少撥出一些時間來聽音樂、讀詩、欣賞畫作」，五感學習並不是偶一為之即可，而是需要時時訓練。

我們的孩子在面對字很多的書，通常只用腦部學習。但頭腦是透過感覺學習，透過五感刺激是對腦部最好的讀書法。腦部訓練最有效的方式是透過五感，也就是觀看、聆聽、觸摸、飲食、嗅聞，這些都是學習的方式。

學習活動〈在生活中使用空間感〉

1.使用好的故事來編歌

在一個電視節目中，一對父子一起旅行，一路上唱著把一百位名人與他們的重要事蹟串起來的一首歌。兒子很好奇地問父親歌詞裡的人物和故事，於是在很短的時間裡，透過快樂地唱歌，就把一百名人物與故事背下來了。

人的五感中，最快發展起來的是聽覺。所以在孩子小的時候，用歌謠的方式來學故事，是最好的學習方式。把故事編成歌，會有更好的學習效果。

2.使用一個以上的感覺

在木琴和口風琴這類的樂器上，塗上顏色，有助於同時學習音感和色感。有各種顏色的珠子、積木和拼圖也是很好的教材。順著歌謠動手來使用這些材料，不但可以促進觸感，也可同時訓練聽覺和視覺。另外，也可以試著把聽到的畫出來。

3. 親子經驗

重點是不要去強迫孩子。沒有比在生活中的自然經歷更好的教育方法。

施瑪讀書法

用心和耳聽

我今日所吩咐你的話，
要殷勤教訓你的兒女。
無論你坐在家裡，行在路上，躺下，起來，都要談論。
——聖經（申命記六：五—六）

聆聽的學習

讀書的關鍵在聽。聽不好，事情就做不好。耳朵打開之後，嘴巴才能打開。猶太人自小就有

「施瑪」的教育。施瑪（shema）是「聆聽」的希伯來文，代表著猶太人強調聆聽的學習。猶太孩童在一出生就聽律法書的故事。因在人類的感覺裡，聽覺是最早發達起來的，孩童還不會說話，就可以聽了。孩童能夠用哪些話語來表達，取決於他聽過的話語與字彙。在幼兒時期聽到的故事會決定後來的語言表達和思考能力。

猶太父母讓兒女在睡前聽故事，因此有親密的親子關係，也促進孩童的語言能力，無形之中為孩童預備了未來的學習基礎。但只有聽，未必能完全吸收。講再多的故事，如果沒有專心聆聽，也不會有益處。最好的聽法，不僅要用耳，也要用心。這是因為用心聽更勝於用耳聽。專注就能夠促進聽力，專注力是從心而來的。心中有平安和愉悅，就能聽，也有專注力。若非如此，耳是聽了，卻像沒有聽到一樣。

心耳合一的學習

看看子女在學校讀書的樣子。讀書的關鍵在於聽力。如果沒有培養專心聽的力量，讀書就很辛苦。聽是理解想法的方法。聽是為了理解對方的想法，如果沒有理解，會產生誤會。要專心聽，心中就要平靜。如果加上興趣和好奇，可以更專心。總之，最好是能夠心耳合一。

培養聽的能力不是一兩天的事，而是必須經過長久的時間。培養聽的能力最好的階段是孩童時期，因為對人格也有幫助。行為不佳的孩子，通常比較散漫，也不容易集中聽講。不關心他人的人就不懂得聽。人若無法讀書，就必須檢查聽力，並提升聽的能力。

無法讀書的人有共同的現象：學習態度不佳。耳朵在聽，心卻是閉鎖的，讀書就像與自己一點關係也沒有。為了學習，有一顆學習的心比起廣博浩瀚的知識更為重要，因為這樣耳朵才會打開，才能聽到別人在講述什麼。父母或老師如果能夠掌握這個原則，就知道該如何去教導孩子。先學會聽，才能夠問問題。沒有聽，怎能問？透過聽到的累積下來的，問題才能形成。

教學重點

聆聽是把書讀好的基礎

人聽到甚麼就做甚麼。人的一生是由小時候所聽到的來決定。兒童階段最好遠離電視、手機、電話或機器等發出來的聲音。從零歲到三歲是學習開始的階段，最好常接觸純粹自然的聲音。建議在接觸機器之前，要先接觸人，聽人的聲音，與人對話。在接觸人之後，再接觸機器，才能夠管理機器。反之，如果機器先於人，就會有人際關係的問題。接觸過多媒體，如電視和電腦的聲音，會對腦部造成傷害。孩子成長過程中最好的聲音是父母的聲音。從父母聽來的故事，比刻意製作的教育性節目更有益處。同樣地，孩童過早接觸寵物也不是好事。因為這種孩子和動物與自然的溝通有礙於人際的溝通。與好人相處，特別是與父母、家人經常對話，這是強化聽的能力的最佳讀書法。

聆聽好的故事應該優先於看書。聽得好就可以講得好。聆聽是讀書的基礎。孩子起初看似不會聽（其實只是不會講），卻處於大量接收聲音的階段，與人對話的基礎就是在這時候建立起來的，所以跟孩子講話還是很重要。另外，**還必須去訓練心靈的聽力。要有尊重人的心，才能夠聆聽別人的聲音，也才能夠學習。**如果做不到，讀書就會有困難。不太能讀書的孩子，多半是因為不懂得聆聽。**有願意接受教導的心以及肯聆聽的態度，比起教導的內容更為重要。**如果沒有這種態度，再怎麼努力也難把書讀好。

檢查表〈我家小孩的專注力有沒有問題？〉

最近有愈來愈多缺乏專注力和過動的孩子和青少年，這樣的人在這三年來就增加了百分之二十三。不懂得聆聽的孩子，是不是因為缺乏專注力呢？我們可以透過檢查表來了解子女的狀態。而且，持續訓練孩子的聽力，也可以提高孩子的專注力。讓我們從現在開始，有計畫地訓練孩子的專注力。

1.讀書的時候不仔細看說明或常常粗心。
2.寫功課或玩的時候，注意力難以維持。
3.講得很清楚了，還是聽不進去。
4.做不好交代的事情，也無法在期限內完成。
5.常常忘記作業與活動需要準備的事物。
6.手腳不能定位，持續亂動。
7.該坐下的時候，仍然四處亂跑。
8.難以參與靜態的活動。
9.身上像是有馬達一樣，停止不了身體的活動。
10.還沒聽完問題，就搶著回答。
11.不容易按照次序來等待。
12.經常無端發脾氣。
13.經常被批評四周很亂。

14. 容易著迷於電玩。

15. 看了很多本書，卻一本也沒念完。

※ 若符合以上所列狀況超過十項，就必須由專家來診斷與協助。

大聲讀書法

很吵才讀得好

求祢叫真理的話，
總不離開我口。

——聖經（詩篇一一九：四三）

很吵的圖書館

猶太人用全身來讀書，用眼看，用口讀，用耳聽。而且只用口朗讀很單調，他們會再加上音調。猶太人使用聲音來讀書，可以把所讀的內容印刻在心靈中。所以猶太人的圖書館裡很吵。

卡拉（kara）在希伯來文是讀的意思。猶太人用聲音來讀書，而且特色是聲音要配合音律。在圖書館或是會堂中，猶太人以有韻律的朗讀來研習律法書和塔木德，聽起來就像是唱歌。有節奏感的讀書法可以活化頭腦，也有助於專心讀書。默讀與有聲音地讀書差異很大。有聲音地讀書可以加入情感，按照節奏來學習。另外，唯有理解所讀的內容，才能夠有聲音地讀書。因為知道內容後，才能投入感情和音律。有聲音的讀書可以了解內容，也可刻印在心中。

只用眼閱讀可以達到的記憶效果，遠不及再加上以口朗讀反覆兩三次。最有效的讀書法，是眼和口併用。只要大聲朗讀幾次，就可以很快理解所讀的內容。所以用身體來學習是有益處的。猶太人非常熱衷於這種讀書法，因為大聲朗讀有向自己講話的效果，也有講與聽的雙重效果。從腦科學來理解，運用嘴與嘴唇的學習比起純粹默讀，更能刺激大腦的兩側，對於記憶力和專注力有更大的幫助。

不是跟著書學習，而是跟人學習

我們的教育只要求學生安靜地坐在教室裡，聽老師的講課。老師也常常會跟學生說「安靜」。所以圖書館裡非常安靜，完全淹沒在沉默的巨流裡。全國各地的圖書館都是一樣。我們要安靜才能夠讀書。為什麼呢？那是因為人跟書學習。相反地，猶太人不跟書學習，而是跟人學習，書只是工具。猶太人讀書的時候，按照程度與年齡，三五個人聚集，以彼此對話討論的方式學習。舉手提問或站立與老師對話，即使自己一個人讀書，也是用這種方式，自問自答，自我學習。猶太人在室內走動，大聲地以激動的聲調讀書。

我們是跟書對戰，猶太人卻是與人對戰。透過與朋友之間的辯論與問答，他們可以進入更深的真理境界。有一次，我在猶太人學校看到一件令人震驚的事：有一千名學生，在一個空間裡兩三人彼此問答學習，場面非常震撼。猶太人在如此吵鬧的環境中，還能夠進行討論，那是需要非常高的專注力。這種讀書的方式，可以培養高度的專注力，也可活化腦部。猶太人有世界上最好的頭腦，並不是天生的。這是在讀書的過程中，透過他們的讀書法，使得他們有過人一等的表現。

教學重點

讀出聲音

過往在學堂中也曾有過大聲讀書的習慣，學堂發出來的讀書聲常常傳遍整個村莊。但曾幾何時，這樣的習慣已經消失了。可能是因為上學的人太多，加上以子女為中心的西式教育已經制度化了。如果少數幾個人一起朗讀，大聲地讀書不但不會讓人想打瞌睡，更可以提供腦部氧氣，讓腦部活化起來，有多方的益處。

現在開始，使用大聲的讀書法來上課。全班一起朗讀是很好的方式。一起朗讀需要所有人的心思合一，需要更多的專注力。即使全班可以很順暢地讀過一些段落，也要試圖放慢這些段落的朗讀速度，讓學生有機會思考讀過的內容。

學習活動〈家庭朗讀比賽〉

為了實踐大聲讀書法，朗讀詩歌也是一個好方法。讀詩的時候，大聲比小聲更有效果。加上節奏與韻律，朗讀詩歌有助於活化大腦，並可提高專注力。

①全家在一起，每個人選擇自己喜歡的詩。記得彼此提醒，一開始不要選擇太長或太難的詩。

②選定一天來進行朗讀比賽。如果已經訂定了家庭日，就可以利用當天進行朗讀比賽。比賽的重點不是背詩，而是注入情感和韻律，在讀詩的時候讓其他人可以感受得到。

③要求子女寫下讀過的詩，並且加以美化，保存在檔案夾裡。在每次讀書之前，可以把檔案夾拿出來翻閱複習，練習朗讀。

邊動邊走的讀書

逆動讀書法

鼓勵孩子活潑地學習。

——猶太格言

同時使用手、口、眼來讀書的猶太孩子

猶太人全身讀書法是使用眼、鼻、口、耳和手的方法。同時刺激五感的讀書法，會刺激到腦部，是很好的讀書法。聽、講、嚐、動手等動員身體各種感官，可以擴大思考的範圍。尤其是當五感中的幾個部分同時使用時，效果會比只用一種感官來得更大。

猶太孩子六歲開始上幼稚園。幼稚園教他們用手指按在字上朗讀，所以不僅用眼看，還用到手和口，同時有許多的感官運用在學習。不僅如此，還要運用整個身體來學習。他們搖擺身體並且走動來學習，即便在路上走，也是邊走邊讀。作者曾在拜訪以色列傳統猶太村莊時，看到許多邊走邊讀書的猶太人。像這種使用全身來學習的猶太人，能訓練出比別人更大的記憶容量。許多人把律法書、摩西五經完全背下來，甚至有人可以背下整套六十三本的塔木德。

猶太人會把右手食指按捺在書上，指著一個字接著一個字讀下去。但因律法書是神聖的書，跟一般的書不同，不能用手指按在上面，猶太人會使用一種像手指的工具，稱為雅德（yad），來替代指頭，仍然一個字接著一個字，用工具指著字讀下去。猶太人用全身體，盡心、盡力來讀書。所以要專心讀書，不能僅用身體的一個部分，而是要全身投入，這樣記憶力和理解力才能更加發揮出來。尤其手的使用是用到了觸覺，透過觸覺來刺激腦部，學習效果會更好。

猶太人會這樣學習是與律法書有關。因〈申命記〉第六章第五節這樣寫著：「你要盡心、盡性、盡力愛耶和華——你的神。」猶太人的讀書是為了認識耶和華，所以要用全身全人來學習。像拯救生命一般用盡全力來讀書。

動員五感，啟動感覺，大腦就可以神奇地運作。這是神賜給人的神奇能力。如果所有的感覺都動起來，全心學習，我們也就可以像猶太人一樣把書讀好。我們熟悉的希臘式讀書法是運用理性的知識來學習，需要很安靜集中在閱讀文字。希臘人主張靈魂是善的，肉體卻是惡的，所以他們排斥使用身體和感覺。只有使用大腦和理性來學習。這樣卻刺激不到大腦。某些特定的人或許可以，但對大部分人而言，讀書變成一件無聊的事。不同於使用理性的希臘式讀書法，猶太人的讀書法是使用全身與感覺。其實猶太人的讀書法和東方式的讀法相近，也是我們熟悉的傳統方法。所以我們若能恢復這種傳統的讀書方式，對於提高學習能力非常有幫助。

教學重點

用全身來學習

如果子女讀書讀到半途感到不耐煩、煩悶，就表示他們的心沒有打開。這時最好讓他們起來輕鬆地走動，做一下伸展的動作，如此可以恢復大腦的活力。猶太人的書桌是多樣的，有的像講桌一樣，在教室後方，如此可以站著使用。不要只用眼來讀書，應該尋找可以運用身體各種感官的讀書法。

但我們幾乎都沒有使用這些方法。學校上課的方式已經到了需要改革的時候了。現在開始，讓我們也試試看不只用腦，也用全身的讀書法。

學習活動〈活用小筆記〉

第一步：記下重點

教導孩子讀書的時候製作小筆記。在筆記本上可以畫圖、記重點等，讓手活動，這樣可以刺激腦部發達。把重點記下來，提升整理能力，同時也強化背誦和理解能力。尤其在自己讀書的時候，使用記錄加上誦讀，可以同時刺激到口和耳，效果更好。

第二步：花花綠綠的著色與使用圖表

熟悉使用小筆記之後，可以更進一步練習使用更多的顏色、圖表和心智地圖（mind map）。如此更有助於理解與背誦。因為心中有圖像和運用想像力來學習，更容易將學習的內容記憶起來。

第三步：發表

如果孩子使用小筆記來整理與做摘要都做得很好了，就可以試著讓孩子扮演老師的角色，把學習的內容表演出來。有時當學生，有時當老師。這是需要使用到聲音的讀書法。如果一邊走動一邊闡述學習的內容，並且整理讀過的內容，就絕對不會忘記，可以持久記憶。

五感同時使用的讀書

融合讀書法

子女要使用全身來聆聽與記憶。

——猶太格言

家庭安息日

最近討論學習時，特別是在討論創意的時候，常用到融合與契合這樣的詞。融合是把不一樣的東西合在一起，成為新的東西。猶太人的讀書不是去累積知識，而是去連結不一樣的知識，創造出新的想法來。連結彼此不同之處，就會有意想不到的創造效果。猶太人對這種連結與組合的創造力特別出色。創意力不是與生俱來的，而是需要對不同的東西有相當了解，才能把它們連結起來。

聯覺或共感覺（synesthesia）是感覺的聯合。那是在同時間把所有的感覺都動員起來的意思，例如雖然只有眼睛看到，但讓人想到好吃的，就連整個身體都可以感覺得到。想到一個事物，跟其他事物連結，會造成不同思維的相互連結，達到期待和聯想的效果。這其中特別需要想像力。雖只有一件事物，但透過想像，卻可以體驗到許多的感覺。這樣的話，大腦就有責任把相關連事物連結起來。為了要達到這樣的效果，需要高度的想像力。把五感聯合成一種感覺，會有不同的感覺出現，也會產生新的想像力。

聯覺需要持續的練習。一開始很困難，但常常練習的話，會很神奇地發現許多不同的事物連結起來。創意是透過關係產生。調和連結兩個完全不同的事物，就會出現不同於過往的樣貌和新的想法。這是背誦的時候常常使用的方法。為了記憶某一事物，如果試著去連結與其無關的其他事物，一旦建立起連結，之後再去回憶這事物時，很神奇地，這當中所有的事物都可以想起來。

像這樣透過五感來建立想像中的圖像，是一件很幸福的事。透過想像可以去到未曾去過的地方，也可以找出從來沒有人知道的原理。

代表性的例子是世紀天才科學家愛因斯坦。在當時，時間被認為是絕對的。但愛因斯坦跳脫這樣的想法，主張時間是相對的。時間可以是不一致的。在地球上的時間和外宇宙的時間是不同的，沒去過外宇宙的人沒辦法理解。但愛因斯坦用公式把這沒人去過的地方的時間表現出來，讓世界上的人非常驚訝。這就是 $E=MC^2$ 的相對論。戀愛中的情侶經歷的時間與一般人的時間不一樣，這就證明了宇宙的時間也可以是不一樣的。這是愛因斯坦動用了所有的感覺，發揮了想像力，才得以發現的原理。

我們內在的感覺是很驚人的，尤其是透過整合五感而成的六感，非常具有威力。猶太人連結五感的能力特別好。他們每星期五晚上遵守安息日的影響力很大，事實上，安息日不僅是宗教的儀式，還是整合五感的學習時間。透過燭光的視覺效果，麵包與葡萄酒帶來的嗅覺與味覺刺激，禱告讚美與讀律法書的聽覺，彼此祝福的觸覺感受，還有敬虔的想像力，以身心靈來事奉耶和華神。猶太人透過安息日，全家一生都在接受訓練。這種融合式的學習可以產生新的東西，也有創造的功效。猶太人的優勢不是偶然的，而是平常以五感訓練造就的成效。

教學重點

要有整合的心

讀書過程中感覺到的與知道的應該要一樣，但人們卻把這兩者分開。如果讀了一輩子的書，這兩部分還是分開的，那是一件悲哀的事。為了學習中感性與理性的合一，我們需要有整合能力的心。未來的學習是整合性的讀書，我們有必要改變對讀書的看法。專業性是為了整合而存在。如果只主張自己是對的，地球就傾向一邊了。動員所有感覺來讀書的時候，就可以實現融合的教育。

學習活動〈故事接龍遊戲〉

讓孩子自己以想像來說故事，有助於提高想像力。如果再加上聯覺來玩遊戲如何？

①在孩子面前放置許多東西（例如水果、滾筒衛生紙、書、洋娃娃等），給孩子充分的觀察時間。

②每個人輪流編一段故事，把所有的東西連結起來。

③編不出故事的人要接受處罰，但不要批評不合理或無趣的故事。

④如果已經熟悉了連結所有的東西，就使用更多的詞彙卡（例如人、和平、感動、行動、數字、法則）來編故事。

第三章

用身體讀書

用健康的身體發動讀書

印刷術發達以前，
人們共享一本律法書，
為了看書的內容，
人們先彎腰再平身。
為了讀放在地上的律法書，
向前彎腰再退後的讀書姿勢成為習俗。

— 哈列維（Yehud Halevi）

動動身體讀書

為了讓大腦活動，先要運動身體

為了讀放在地上的律法書，
向前彎腰再退後的讀書姿勢成為習俗。
搖擺身體的習俗，
成為後來閱讀其他書籍的習慣。

——哈列維

以身體律動來讀書

人只有一個身體，把身體各部份分開就會死去。身體是有機體。頭以外，手腳四肢運動會刺激頭腦。讓頭腦變好的方法很簡單，身體活動就可以。

身體活動，大腦才能活動，身體是人的頭腦。手腳四肢的狀態反映身體與頭腦的狀態，手腳運動使身體健康，大腦也會發達。

人腦包括額葉、頂葉、枕葉、顳葉四個部分。行走或身體運動會使額葉發達。行走或運動也有助於神經細胞的連結、增進神經排列。腦神經排列增多就是腦部發達的意思。

猶太人很早就知道身體與腦部結構的關係，也將這種關係運用在學習方面。猶太人讀書時，前後或左右有韻律地擺動，這與過去學堂裡面的學習方式是一樣的。擺動身體有助於思考。以一定的節奏來擺動身體，能提升專注力，擺動身體也能提供腦部氧氣，讓大腦清醒。甚至有一些猶太人在讀書之前會倒立，也是基於同樣的原因。

猶太人如此擺動身體學習，是起源於十二世紀西班牙哲學家詩人哈列維（Yehud Halevi）的著作《庫薩里》（Kuzari）：

印刷術發達以前，人們共享一本律法書，為了看書的內容，人們先彎腰再平身。為了讀放在地上的律法書，向前彎腰再退後的讀書姿勢成為習俗。搖動身體的習俗，成為後來閱讀其他書籍的習慣。

猶太人讀書讀到很累的時候，會起來喝水、走動、透氣，這是很自然的動作。當三個人討論到一半，其中一個人會忽然哼唱起塔木德，或是搖動身體念念有詞。猶太人的身體在**讀書的時候非常自由**。猶太人不是用頭腦讀書，而是用身體讀書。使用活動的身體來讀書，是身體和大腦都能發達的讀書法。

教學重點

為了讓大腦活動，身體先要運動

我們讀書的時候，成效好壞都依賴大腦，以為一定要在安靜的情況下，不能走動，如果走動就是不專心。但我們現在要對讀書法來開刀。讀書需要專注力，沒有辦法專注，就不能讀書。為了專注力我們試了許多方法，我們應該要慎重考慮猶太人前後左右有節奏擺動的這種方式。

我們過往也使用身體的讀書法。例如朝鮮時代的偉大學者丁若鏞，他在二十年的流放生活中，寫了五百本的書，最有名的書幾乎都是在發配邊疆地方的時候完成的。在不良的環境中，為了專心，他使用像猶太人一樣搖擺的方式讀書。他甚至搖到踝骨附近的褲管都磨破了。

檢查表〈我孩子的專注力有問題嗎？〉

美國經濟專業媒體 Business Insider 曾經提出成功的四大要素，其中第一個是專注力。讀書效果受到專注力的左右，坐在桌前的時間很長卻沒有效果，就要懷疑專注力有無問題。可以先透過以下的檢查表來確認孩子的專注力。如果專注力沒有問題，那就可以試試看搖擺身體的讀書法，可以期待腦部的活化，並更加提高專注力。

	內容	非常不同意	不同意	普通	同意	非常同意
1	簡單的話重複多次，仍不能理解	1	2	3	4	5
2	不易記住朋友的名字或地名	1	2	3	4	5
3	不太會說明知道的東西	1	2	3	4	5
4	常識不如一般的孩子	1	2	3	4	5
5	不喜歡讀書	1	2	3	4	5
6	讀書時間長，但成績不好	1	2	3	4	5
7	在學校或補習班學過的，還要再次說明	1	2	3	4	5
8	對身邊的事物或環境沒有好奇心	1	2	3	4	5
9	不喜歡對話或討論，喜歡獨處	1	2	3	4	5
10	喜歡與比自己小的孩子在一起	1	2	3	4	5
11	情緒變化很大	1	2	3	4	5
12	對他人的言語非常敏感，易受傷	1	2	3	4	5
13	沒有力氣，很憂鬱	1	2	3	4	5
14	缺乏可以信賴和親密的朋友	1	2	3	4	5
15	常有負面的想法	1	2	3	4	5
16	對父母老師有許多不滿	1	2	3	4	5

17	對自己的能力評價低，缺乏自信	1	2	3	4	5
18	容易哭泣	1	2	3	4	5
19	常常不耐煩	1	2	3	4	5
20	膽小、容易不安	1	2	3	4	5
21	經常遺失課本筆記等學習用品	1	2	3	4	5
22	無法固定在一個地方讀書	1	2	3	4	5
23	不整理讀書的房間與書桌	1	2	3	4	5
24	讀書時的姿勢不佳、態度散漫	1	2	3	4	5
25	讀書時間不規律	1	2	3	4	5
26	不太喜歡吃飯	1	2	3	4	5
27	睡眠不足、品質不佳	1	2	3	4	5
28	不整理聯絡簿與作業	1	2	3	4	5
29	喜歡氣泡飲料與有色餅乾	1	2	3	4	5
30	書包裡的文具書籍雜亂	1	2	3	4	5
合計：						

資料來源：韓國集中力中心

耶喜巴

臀部是讀書的力量

坐在地上聆聽的學生

明治大學齋藤孝教授寫了《可以坐得住的孩子》這本書，他在書中主張長坐在桌前的力量是讀書的力量，也是生存的力量。父母親希望孩子自動自發，首先要培養孩子坐在桌前的能力。

大家以為讀書是頭腦的事，但一般人的智商其實沒有太多差別。要讀好書，心理與意志很重要，這就是臀部的力量。如果有可以坐在一處夠久的忍耐力量，就可以把書讀得很好。如果連十分鐘都坐不住，跑來跑去的學生，是沒辦法讀書的。讀書成敗的關鍵不是頭腦，而是可以忍耐持久坐著的力量。如果為了某個目標，可以忍耐坐著一段時間來努力，做什麼都可以成功。

耶喜巴（Yeshiva）是猶太人的傳統學習機構，也是坐著的意思，是培養猶太學者的高等教育機構。所有塔木德的主題，其根源有「坐著」研究的意思。所以猶太人有可以坐著的臀部力量。猶太人從小訓練孩子，在椅子上坐一整天不是難事。猶太人是世界上第一個推動義務教育的民族，無論他們住在世界何處，都設立「耶喜巴」來教育子女。這是猶太人教育的核心機構，從初等學校到大學，還有成人終身教育課程。他們稱為圖書館的地方，與我們一般認知的不同，是很吵鬧的地方，並不是我們知道的很安靜的圖書館。所有的桌子都配有兩張以上的椅子，是用可以討論的方式配置。猶太人不拘泥於書本，而是以討論的方式讀書。猶太人討論超過一天的情況並不少見。這種力量可以說是來自臀部的力量。

為了把書讀好，臀部要重一些。坐在某處，為某個目標努力，任何人都可以成功。關鍵在於練出多少臀部的力量。臀部的力量不是一天造成的，而是長期養成的習慣練成的。

臀部的力量不僅關於讀書，也與人生所有的事情有關。如果一個人有耐心，可以堅持坐在一個位置上，全力以赴，任何事都可以成功。若缺乏臀部的力量，就難以學習。

如果可以早一點把坐在桌子前很久的習慣建立起來，父母與孩子都可以幸福。如果很想把書讀好，先要把坐在書桌前的習慣建立起來。如果要久坐，身體要健康，姿勢要正確。從小就養成良好的坐姿，不但在校學習有功效，人生也能成功。

教學重點

要增進臀部的力量

從小有坐在桌前的習慣，就不用擔心讀書。擅長讀書的人，一天坐在桌前十到十三個小時不是問題。這是經過長久訓練出來的習慣。如果坐在桌前成為習慣，自然可以把書讀好。但為了養成習慣，過程並不容易。特別是長時間坐著，對年紀小的孩子是很困難的事。我們要想辦法讓孩子能以正確的姿勢和舒服的方式坐在桌前，讓他們在不覺得困難的情境下養成習慣。

學習秘訣〈培養靠臀部的力量坐下來的技巧〉

1. 椅子要舒服。
2. 腰要挺直，姿勢正確。
3. 把毯子折三折，纏繞腰部，毯端在腹前。
4. 因毯子的作用，腹部可以有支撐，腰部可以挺直。

5. 把背部靠在椅背或牆壁，把腳盤起來。
6. 腰背與腳要垂直，身體坐正。
7. 腰背挺直，心情也要平靜，身心合一。
8. 坐姿不良就無法長久專注。
9. 一開始以三十分鐘為單位進行訓練，之後逐漸把時間拉長。

潔淨飲食得著力量

科舍爾

再怎麼聰明的學生，若不注重飲食，所學的一切都是枉然。

——猶太格言

身體健康才有讀書的好情緒

要讀好書，身體先要健康。有健康的身體才有讀書的好情緒。如何讓身體健康呢？有三個因素要注意，就是運動、飲食、生活習慣。其中飲食與健康有直接關係，特別重要。為了健康，要使用好的食材，正確的料理方法。不好的食物吃下肚子，不僅肚子不舒服、不能消化，讓人無法專心讀書，也會影響腦部發達。

猶太人在過去三千三百年以來，一直堅持獨特的飲食文化。在可食與不可食之間有清楚的區分。猶太人把可食的稱為科舍爾（kosher），意思是適當的、正確的，也是選擇食材與料理方法的標準。猶太人定義為科舍爾的標準有數百本，核心精神是對食材要有人道，尊敬食材，也重視潔淨。飲食對人的健康、心靈與思想都有影響力，因此要有嚴格的規定。猶太人認為人與飲食的關係非常密切，是人可以節制或貪心、殘忍等的重要原因。

以下舉幾個例子來說明。猶太人吃蔬果，但在肉的方面，只吃分蹄與反芻類的動物。所以，牛、羊、山羊肉可吃，但豬肉不能吃。在魚類方面，有尾巴與鱗的可吃，但沒有鱗的泥鰍、章魚、魷魚等，都不能吃。肉類與鳥類一定要殺過的才能吃，殺生的時候，拉比要在場。不能吃自然死去或被其他動物殺死的動物。動物的血要完全洗淨，因為人的生命根源是血。同時食用肉類與牛奶，或同時食用起司與肉都是忌諱。吃肉之後也不可喝牛奶。這是因為同時食用兩個世代的動物，對生命過於殘忍。由此可見猶太人對飲食也有基本的倫理。

猶太人的健康飲食習慣不僅為了身體健康，更是為了靈魂的潔淨，因此對飲食要有所區別。他們會避免引誘人貪心或讓人失去節制的食物。他們透過飲食來訓練人過聖潔的生活。

猶太人數千年堅持科舍爾是基於飲食就是學習的理念。他們吃科舍爾食物，以身體來學習正直、體諒、真實。飲食本身成為讀書的一種方式。猶太父母給兒女吃科舍爾食物的時候，清楚地教導兒女科舍爾的原則和原理。透過飲食教導正確價值觀。猶太人透過飲食管理生活習慣與身體，就是實踐的教育。

吃潔淨的飲食、學會節制與避免貪心，與讀書的效果有密切的關係。再怎麼好的飲食，如果過量，會造成消化器官的負擔，也會讓精神渙散。就連猶太人的格言也這樣說：「再怎麼聰明的學生，若不注重飲食，所學的一切都是枉然。」為了提高讀書的效果，應該適量食用好的食物。

教學重點

飲食也是教育

我們傾向於把讀書與生活分開來。只要進入大學或考過公務員考試，人生就光明了。以這種方式來讀書，當然身體與精神都容易生病。從現在開始不要忘記，讀書不但是用頭腦，連心靈、思想和身體都要一起投入。潔淨的飲食和節制的飲食習慣會讓身體健康，也讓頭腦更好。好的飲食是健康人生的基礎。對飲食的認識和飲食的方法會影響人的思想和心靈。要去區辨飲食，食用給人良善思想的食物，也要對飲食心存感恩，要養成這樣的生活習慣，必須從小教育正確的飲食觀念。飲食是每天生活所需。吃什麼、怎麼吃與人們如何生活息息相關。透過吃喝可以學習到人生的價值與真理。已經被訓練的人，日後自然而然在職場與人際關係中會有正直的表現，避開混亂與污穢的生活，過著聖潔的生活。

學習秘訣〈訓練健康的飲食習慣〉

食用潔淨的飲食和保持正確的飲食習慣很重要。大家可以使用以下的檢查項目，來改變孩子的飲食習慣。

1.與家人一起吃飯

如果孩子覺得非常餓，可以在吃飯之前給他吃簡單的點心，但仍然要堅持全家一起吃飯。

2.嚐嚐看多樣的食物

如果一直給孩子吃他喜歡吃的食物，孩子就會一直只吃這些東西，甚至會造成嚴重的偏食。所以應該盡量讓孩子試著嘗試多樣不同的飲食。在餐桌上若有孩子的手搆不到的食物，可以幫孩子取一些給他吃，這也是個好方法。

3.用五感飲食

不喜歡新的飲食的孩子，可以讓他摸一摸或聞一聞食物，以多種的感覺來認識食物。

4.自己吃

拿著飯碗跟在子女後面餵飯的行為是不好的，要有固定的位置，保持端正的姿勢來吃才是最好的方式。

5.不要勉強

不專注在吃而在別處的孩子，勉強他吃東西會造成反感。在這樣的情況下，最好是給孩子一些時間，等待他。

先用身體體驗

體驗學習

人若為了學習如何教導，
就會得到學習和教導的方法。
但人若為了學習如何實踐，
就會得到學習、教導、觀察和實踐的方法。

——猶太格言

與現實生活連結的教育

猶太人覺得時間與知識一樣重要。希臘式的西方教育強調知識，但猶太人的教育強調實踐。

希臘式教育重視理性，但猶太教育連結生活。希臘教育以名詞為重，但猶太教育以動詞為重。

基於這些理由，猶太人的讀書是遠超出課堂當下的學習。當然，他們也積極參與課堂裡的學習，但他們更常與現實連結。猶太學校幾乎每天讓學生出去在自然與現實生活中學習。猶太父母在安息日或節慶之前，會帶著子女去市場準備飲食材料。也會要求孩子參與家中的整理與廚房的工作。猶太父母認為親身的經驗是最好的學習。

猶太民族紀念從埃及的奴隸生活中逃離的節日是逾越節。這一天猶太人會食用苦菜，用以體驗祖先的痛苦生活。雖然是數千年以前的事，但在今日的生活中再次體驗，來體驗歷史。紀念在曠野中搭帳棚過日子的節日是草幕節，全家人會以一個星期的時間住在帳篷中來生活。所以猶太人蓋房子的時候，會預留搭建草幕的空間。透過這種草幕生活來體驗猶太祖先在曠野中的苦難日子，並且把這些訂為歷史的教訓。每星期的安息日還有用鐵做成的救濟盒，教導孩子從小就養成捐獻救濟金的習慣。零錢投入救濟盒發出的聲音，可以讓孩子想起救濟的事。這是很實在的學習。

我們的教育是老師在課堂中講課，幾乎沒有機會出去到外面的現實環境。若有機會到外面去，也是很形式化。把充滿生命力的現實生活放在一邊，緊緊抓住教室內的課本，這就是我們目前的教育內容。

從現在開始，應該要在現實生活中來學習。如果能夠在生活中體驗到書本中的知識，書就不會無聊，反而會非常有趣。到山中或野外採集植物、聞聞花草香氣，再回到教室裡打開科學書籍，讀書就會更有活力。

第四章

用知識讀書

用讀書來刺激想法

人活著，
任誰也奪不走的
就是知識。

── 猶太格言

輸入

律法書、塔木德、觀察與故事

向貓學謙虛，向螞蟻學正直，
向鴿子學貞節，向公雞學財產權。
——塔木德

對本質的質問和懷疑

英國歷史學家湯恩比主張全世界有二十八個歷史文明，其中十八個已經消失，有九個正在沒落，但卻有一個活生生地存在著，那就是猶太文明。而使其可能的原因就是教育。

猶太人是讀書的民族，也是學習的民族。塔木德裡面寫著：「寧可賣掉衣服，也要買書。」

從這裡可以看出猶太人是多麼看重書。但猶太人的書與一般人的書不同。猶太人教育的核心書籍是律法書和塔木德。

擁有超凡智慧的所羅門王，在很久以前就提出對書與讀書的警語：「我兒，還有一層，你當受勸戒：著書多，沒有窮盡；讀書多，身體疲倦」（傳道書一二：一二）。這裡說的書是人寫的書。猶太人早就知道、也警告世人閱讀非本質的、次要的書是對人生的浪費。

律法書的原文 Torah 意思是「教訓、道路」，是一本教訓人生、引導道路的書。律法書是指導人應如何過生活的書，也可以說是人生道路的導航。猶太人按照這本書的教導過生活。律法書是教導人生根源真理的書。若沒有律法書，猶太人一步都踏不出去。猶太人出生後最早接觸和學習的就是律法書，一直讀到過世為止。律法書是人生開始與結束的書。猶太人相信按照律法書來生活就不會失敗。所以猶太人視律法書如生命，並且把研讀律法書當作是一輩子的功課。他們讀律法書認真到一個地步，就是如果人不讀律法書，就像是死了一樣。

塔木德的原文 Talmud 是「偉大的研究」的意思，是研究律法書的書。塔木德是匯總了數千年許多拉比研究律法書的意見的書。猶太人透過塔木德與許多智者溝通找出更深的、有關律法書的意義，與我們的讀書是在不一樣的層次。猶太人不問「怎樣進入好的大學？」、「如何賺更多的錢？」這樣的問題，而是追問和討論「人是怎樣存在著？」、「如何生活是正確的？」這樣的問題。

猶太人一生過這種本質性的讀書生活。他們相信如果能好好地研讀律法書和塔木德，一般的讀書根本不是問題。事實上，在高等課程中，早上學習塔木德，下午才研習一般學科。如果像這樣學習，我們會認為一般課程的學習時數不足，但猶太人卻不以為然。實際上，在美國的常春藤名校中，猶太學生的入學比例較其他族裔的學生更高，而且入學後的表現更卓越。到畢業的時候，往往他們的實力已遠超過其他族裔的學生。

讀書時間相同，但猶太人與我們是以不同的層次讀書。我們光是為了進入大學，投資二十年的光陰。但猶太人讀的是宇宙、世界、人生、自然與神等，他們研讀的是所有關於人生的問題。

他們在其中找出自己的領域。我們沒有辦法達到的靈性、人性、品格等，猶太人是透過律法書和塔木德的研讀加以學習，之後再發展自己的專業領域。結果他們成為與一般人能力不同的人才。直到現在，世界級的人物仍不斷從猶太民族中出現。他們不是一直專注在自己的專門領域，但卻能在專門領域出人頭地。一些中斷大學學業、提早創業的青年成功典範，像是比爾蓋茲、馬克•祖克柏和賈伯斯等，也都是猶太人。被認為是天才的愛因斯坦、愛迪生等，也是猶太人。書沒有讀好怎能有此表現呢？答案就在律法書中。我們沒有像猶太民族一樣可供全民族各個世代都能使用的教科書，猶太人的優勢在於他們有全國人民能夠一起對話、提問、和討論人生的書。

觀察：帶著疑問並且細心

猶太人教育子女要**對所有事情抱持懷疑的態度，去觀察，並且提出問題**。當然，這裡所謂懷疑的態度並非不信任，而是對知識不滿足，知道自己不足的虛心學習態度，有助於建立新的世界觀。從這裡我們也可以看出猶太人的讀書態度。猶太人相信由創造主所創造的世上萬物都有理由，而且也都有存在的價值。如此看待世上萬物都是很珍貴且有意義。讀書不僅讀的是書，而且是透過萬物來學習。透過自然學到的會比書本裡學來的更多。仔細查看身邊周遭，到處都藏著我們不知道的智慧。就是有這種讀書的態度，使得猶太人讚嘆並尊重世上萬物。猶太人常常自覺所知不足，對所有一切都抱持著懷疑和學習的態度，這就是猶太人的讀書法。

如果自己覺得知道，那其實是不知道。這怎麼說呢？人若自覺有所不知，才會有好奇心去觀察，不會輕易跳過細節。觀察的意思就是把知識輸入到心中，在日後可以再想起，而有助於理解事物，也就是輸入能夠在未來使用的珍貴資訊。但對於自認已經通達萬事的人而言，學習是不必要的，也就無法用心去關心四周。常常虛心觀察，讀書就會是快樂的事，並且往往會有意外的收穫。

舊約聖經中有言：

懶惰人哪，你去察看螞蟻的動作就可得智慧。螞蟻沒有元帥，沒有官長，沒有君王，尚且在夏天預備食物，在收割時聚斂糧食。惰人哪，你要睡到幾時呢？你何時睡醒呢？再睡片時，打盹片時，抱著手躺臥片時，你的貧窮就必如強盜速來，你的缺乏彷彿拿兵器的人來到。（箴言六：六—一一）

塔木德也有這樣的教導：「向貓學謙虛，向螞蟻學正直，向鴿子學貞節，向公雞學財產權。」

讀書不侷限於學校，也不只有書本，生活的一切都是要讀的書，身邊一切的事物都是教材。諾貝爾獎得主弗萊明（Alexander Fleming）在世界大戰期間，因看到許多士兵受傷截肢受感染，或感染細菌造成身體腐爛，就努力想找出解決的辦法。有一天，他從假期中回到實驗室，忽然發現在室溫下的一個培養皿有發霉的現象，但在發霉的地方卻沒有細菌繁殖。這就是發現盤尼西林的經過，是一個很偶然的過程。從一九四四年開始，由於盤尼西林投入到戰場上，士兵們再也不用害怕細菌感染。弗萊明的成就受到肯定，因此獲頒諾貝爾生物醫學獎。像這種歷史上的偉大發現，多半都是從很小的地方開始。阿基米德發現浮力原理是在洗澡的時候。牛頓發現萬有引力是在樹下休息的時候。而科學家史特恩（Otto Stern）也是在吐菸的時候偶然發現重要的量子力學理論。

我們不要忽略小事，集中觀察就可以發現真理，把視野打開，讀書就會有趣。

要張開眼睛看向四周圍，在無限開展的大自然裡，究竟有多少神奇事呢？愈觀察，要學習的就愈多。事實上，讀書的方法很簡單，就是先觀察，去思考，再講出來。讀書從觀察開始，關鍵是要細心地觀察與注意。

故事：多聽好故事

猶太人卓越的讀書法之一是口傳教育。猶太人有兩種律法，一條是由文字記載的成文律法，另一是由口述的口傳律法。在這兩個律法中，猶太人把較高的權威給了口傳律法，這是因為口傳的歷史比書寫更早。猶太人原本不願意把口傳的教訓和故事記錄下來，是因為面臨民族滅亡的威脅，不得已才用文字去傳承律法。

為何猶太人喜歡以口語傳承律法呢？這是因為形成文字的律法會對討論產生障礙。教育應該是透過對話的方式進行，如果按照書來進行，會使得對話消失，而且成為以知識為主的教育。如果猶太人沒有對話也沒有討論，只靠著書本的話，會被認為是沒有思想的發展。另外，使用書本就不再依賴記憶，也會減少思考能力。基於這等理由，猶太人更喜歡人與人面對面的讀書法。

猶太人從孩子一出生就讓他們聽聖經故事。雖然嬰兒無法理解，但父母親還是講給孩子聽。

> 以色列啊，你要聽！耶和華──我們神是獨一的主。你要盡心、盡性、盡力愛耶和華──你的神。我今日所吩咐你的話都要記在心上，也要殷勤教訓你的兒女。無論你坐在家裡，行在路上，躺下，起來，都要談論。（申命記六：四──七）

根據律法書的指示，猶太人在家做事、吃飯、休息、甚至接待客人的時候要講聖經故事，睡前與起床時也是一樣。

猶太父母在就寢以前一定會讀故事給孩子聽，這種講故事的教育可以穩定孩子的情緒，並能感受到父母的愛。在睡前聽的故事能夠激勵孩子的想像力。猶太父親無論如何地忙碌，每天一定要撥出十五分鐘給孩子，哼睡前的歌、或為孩子禱告、或講故事給孩子聽。透過這種講故事的教育，孩子的心靈成長、語言能力也會提高。如果孩子超過周歲，在吃飯的時候也會講故事給孩子聽，開始**對話式的教育**。因此，猶太人四歲左右就已經有一千五百個語彙的能力，這是讀書的原動力，可以與他人溝通的語言基礎。

猶太人的讀書法與我們只靠書本的讀書法是不同的層次。我們沒有書就不能讀書，但他們即使沒有書也能讀書。在失去國家、顛沛流離的時代，猶太人還能夠繼續接受教育，原因就在於他們熟悉講故事與對話的口傳讀書法。猶太人能掌握世界傳播媒體界、法律界、企業界、教育界等，也是基於同樣理由。

教學重點

給孩子豐富的語言環境

打好教育的基礎，在這階段培養良好人格。我們教育的弱勢在於人性面的教養不足。如果沒有學習人性的教育，學科學得再多，對生活一點幫助也沒有。教育的創意不足是因為人性不足的關係。因為創意性是出自於人性，我們一定要現在就開始建立能夠觸及人性本質的讀書方法。

如果要讓孩子把書讀好，要盡快讓孩子專注於語言能力的提升。有了豐富的語彙，孩子自然可以把書讀好。在散步時、在床上、在棉被中，都可以讓孩子聽故事。

歌德小的時候聽了父母講的許多故事。他與父親散步的時候，聽了父親講述的許多歷史與地理故事。父親常常自編歌曲傳述故事給歌德聽。母親從歌德時兩歲開始，就把講故事當成重要的事。歌德有驚人的想像力，留下偉大的小說和戲劇作品，就是因為這樣的緣故。

真正的創意來自於大自然。我們要小心太多人為加工的故事。捏造的故事不會有新意。基於事實的故事（歷史）比捏造的故事能給孩子更多的感動，並且能幫助孩子去實踐。要選擇給孩子聽讓他一輩子都能受益的故事，而不要給他們聽流行性的、虛幻的故事。

貯存

提問、背誦、重覆

什麼（what）的根源與人（Man）的根源相同。人是提出問題的動物。

——賽德．曼德爾（拉比）

提問：提問還要再提問

說故事雖會引發好奇心並有趣味性，但聽過一不小心就忘記了。容易學的就容易忘，這是讀書必然的道理。只用聽的缺點是容易忘記。一再重複地聽雖可記住，但一停止就又會忘記。讀書要能長久記住的好方法就是提出問題。

猶太認為提問就是讀書。我們不重視提問，只重視答案。猶太人珍視的不是正確答案，而是提問。我們無處不看重分數。且用答案的多少來衡量一個人的實力，但這世界上所有的一切都有答案嗎？當然不是。我們以為是正確的答案，也不是答案。所有人都注目在固定的答案。

猶太人學習的塔木德內容是提問。但我們的教科書有許多的公式和資訊。所以我們把公式和資訊強記下來，如同機器一樣，以此為讀書法。但猶太人透過多元的想法和提問訓練出找到原理的能力。透過許多的提問來學習思考的方法和觀察的方法，這是猶太人讀書的核心。

猶太人常常教導孩子提問的方法。對猶太人而言，提問是最好的一件事。他們沒有正確的答案，只有提問。他們不像我們用非黑即白的邏輯來找出答案，猶太人黑的與白的都可以是正確的，他們甚至喜歡**找出超越黑白的新的可能**。

很久以前，有兩個人來找拉比講話。其中一個人對拉比說了自己的故事，拉比說：「你說的對。」另一個人也表明自己的立場，拉比說：「你說的對。」這時候，在旁邊的拉比太太質疑拉比：「你怎麼能說這人也對，那人也對。」拉比對太太說：「妳說的也對」。〈塔木德〉

相同一件事，因為不同的人與不同的角度來看，會有不一樣的評價。所以不會只有一個答案。猶太人以此為前提來學習。遇到事情的時候可以有彈性。

猶太人很久以前就通達提問式的讀書，並運用在所有的教育上。猶太父母會問放學的孩子今天在學校問了什麼問題，我們的父母卻會問今天學了些什麼。這是看出猶太人教育與我們教育差異的經典例子。

為何要提出問題呢？

為了找出看不到的本質。好的提問會找出潛在的本質。猶太人讀書的目的不在外在的形式，而是去找出內在的看不到的東西。讀書是什麼？不是探究真理嗎？如何找出真理呢？就是要持續不斷地提問才能找到。人因提問而存在。不提問的人是死的人。活著才能繼續提問。猶太人以提出新的問題來挑戰別人的提問，透過這種方式來深入挖掘。提問是一種幫自己找出答案的過程。如果太快找到答案，反而陷入無知和混亂之中。以提問來回應提問可以慢慢找出新的事實。在猶太人的學校能發現每個人都為了提問踴躍舉手，幾乎所有學生都在等候輪到自己提問。這是在我們教室裡很難看到的現象。**猶太人能成為卓越民族的秘訣之一，就在於發揮提問的力量。**

背誦：讀書的體力基礎

東方的教育偏向以背誦和填鴨的方式。相對而言，西方教育強調分析和批判的提問。多年以來，我們的教育也是以背誦和填鴨的方式為主，這是基於儒家文化。

西元前四世紀的儒家創立者孔子自承傳達而非創造。孔子的理念不是去創造新的，而是學習和傳承聖賢的優良傳統。東亞文化經常要背誦，但西洋文化不強調背誦，而是以提問和討論來學習。兩者都有各自的優劣處。我們有時把背誦當成不好的讀書法，但這是不正確的。透過背誦把好的內容貯存起來，才能夠提問和討論。把已被驗證的知識存記下來，才有基礎來提問和討論，這是東西方教育很好的調和。

猶太人在教育方面，使用西方教育擅長的提問和討論，也同時使用東方教育的背誦。他們將西方教育和東方教育的優勢巧妙地加以融合。

舉例而言，律法書是不變的原則，猶太人必須整個背誦下來，全盤接受。把整個背下來的好處，是可以透過記憶的內容進行有系統、有機的判斷。相對的，塔木德是持續變化與發展中的書，必須透過提問和討論來擴展。塔木德的著述到如今仍然在持續進行，不斷地更新。塔木德最後一頁是空白的，意指所有人都可以成為塔木德的作者。

從猶太人教育兒女的過程，就可知道背誦的重要性。猶太人在孩子三歲時，就送他們去學校，一開始跟著年紀較大的孩子學習，觀察他們學習的方式與姿勢，並且體驗學習的氣氛。學習認字以後，就投入到閱讀與背誦。這時候的內容不是關鍵，而是透過背誦訓練記憶力、集中力以及耐力等，養成讀書的基礎。這個部分學好了之後，要再學其他的就都很容易。

五歲正式開始讀書，學習稱為律法書的摩西五經以及祈禱書。七歲開始讀舊約，並開始學塔木德的基礎。十三歲有了成人的意識之後，再與學校的課程併行，學習一般學問。猶太人透過這種讀書法來培養自主學習的能力。

背誦可說是在人的心中撒下真理種子的動作。如果仔細去看一粒粒撒下的種子，確實難以分辨出每一粒種子，但只要撒下，時間一過，種子就發芽長成樹，令人無法想像地開花結果。人也有像一粒種子一樣的屬性，無法用世界上的方式來說明，但卻存在著普遍的真理，這就是猶太人所相信的律法書。

希臘人創造了哲學，對世上一切事物都要思考。西方的教育起源於希臘，也因此視世界無解答，唯有人的理性是最高的真理。相反地，希伯來人認為律法書超越了人的理性，無論如何都要背誦下來。這想法與在東方要背誦已被驗證的古籍是一樣的。

沒有人喜歡背誦，因為背誦是辛苦的工作。為了背誦必須深入思考，要讀出聲音，也要擺動身體，必須花費許多時間與氣力。靠思考訓練來背誦是最好的方式。背誦是在心版上雕刻鑽石，也像在印章上刻名字。書會被燒掉，背誦卻不會消失。書不能帶走，背誦可以帶著到處走。猶太人特別擅長於背誦是因為他們長久的流浪，無法把書帶走，只能存記在心中。存在心中就可以時時學習。由此來看，背誦是猶太民族生死相關、也非常重要的讀書法。

猶太人把學生分成四種。一是理解能力佳，但很快忘記的人。二是理解得慢，但忘得也慢的人。三是理解能力佳，也不易忘記的人。四是理解得慢，但很快忘記的人。猶太人常為忘記得很快的人提供背誦的方法，其中一個方式是用唱的方式來背誦。透過唱歌來背誦，就同時具備了視覺、動作、聽覺、音樂等因素。

把好的事物持續反覆，就會成為自己的東西

背誦最好的方法就是反覆。反覆是背誦最有效果的方法。不要重複不好的，但好的要反覆。律法書是猶太人重複背誦的書。刻意地重複會讓人感到厭煩。但如果在日常生活中重複，就會成為習慣。日常生活中有許多反覆而成的習慣。讀書也是使用這種原理。

塔木德是猶太人教育使用的教科書，是舊約聖經的註釋。塔木德在西元前三百年到西元五百年間共八百年寫成，內容有密須拿（mishnah）和柯瑪拿（Gemara）兩部分。密須拿是舊約聖經的註釋。柯瑪拿是密須拿的註釋。塔木德的註釋密須拿是「反覆又反覆」的意思，是指猶太人的讀書是透過反覆來學習。透過口傳的傳承教育為中心。

透過反覆可以達到自己所不知的更高境界

猶太人讀書時教導反覆四次。猶太人很重視數字四。四歲的時候，要學會寫與唸。八歲時，接受律法書。滿十二歲有成人意識。二十歲要對自己的生活負責。像這樣，猶太人把人生分成四個階段來思考。他們以數字四為重要的概念，如此強調反覆的學習。猶太人學習過律法書二十年的人，如果兩年之間沒有持續反覆學習，終究會忘記。像學樂器要持續反覆練習一般，讀書也是，再沒有比反覆更好的學習方法。小時候一直重複一樣的詞彙，就會存記在腦中，對讀書有很大的幫助。

猶太人讀書法中最重要的是反覆。猶太人學律法書，或禱告，或持守節期與安息日，或研讀塔木德，這一切都是透過反覆學習。把好的事物持續反覆，就會成為自己的東西。透過反覆可以達到自己所不知的更高境界。這是實踐反覆才可以經驗到的真理。

教學重點

好好調和提問與背誦

國人缺乏提問的精神，長久以來的儒家讀書法讓人習慣聆聽。好好的聽與接受當然很重要，但也要思考所學的是否為真理。填鴨式的讀書會對自動自發的學習者產生限制。

從家庭開始來引導孩子對事物產生好奇心，並且提出問題。若可以從小訓練提問的讀書法，可以擴展思考和提高自學的能力。但不要引導孩子去攻擊別人的提問，而是要讓孩子去找出本質的提問。

同樣地，也要訓練孩子不變的真理。世界是不斷地變化，但其中也有不變的真理。那是透過古籍來學習。數千年來古籍中的真理，唯有背誦，沒有其他的學習方法。那是讓人性豐富的養分，也成為更新的基礎。

背誦要從小開始。年紀愈大愈難背誦。不是頭腦不好的緣故，而是因為沒有這種習慣。

從小背誦比較好，是因為認知能力還沒有發達，無法拒絕填鴨式的教育。反而因此喜歡背誦。三歲以前宜給孩子聽故事，從三歲開始就讓孩子背誦。

不要無條件地背誦，而是透過孩子提出「為什麼？」的疑問來背誦，這樣比較有效。背誦透過左腦，創意卻是運用右腦。如果沒有提問就背誦，對創意力沒有助益。但透過提問來背誦，可以讓人更有創意。

學習秘訣〈正確的背誦教育指標〉

1. 讓人有可以背誦的自信。
2. 讓人有好奇心和興趣。
3. 一邊提問，一邊背誦。
4. 不僅背誦，還要理解內容，被感動。如果受感動，自然會影響到新腦與舊腦，記憶就可以持久。

5.說出聲音、寫字、繪畫、移動身體。

把節奏、圖案、圖表和顏色連結起來背誦，就會比較容易。

6.閉眼記憶。

腦部處在阿爾法波的狀態時，記憶力較佳。閉眼可隔斷外部事物，有促進記憶力的效果。

7.在心中畫圖。

像照相一樣，在心中畫出圖像，圖像會增加二十倍的記憶。如果動態的圖像就更有效果。

8.向他人敘說背誦的內容。

9.分段背誦。

要記得人平均一次能記住大約七個數字與單詞。

10.使用遞增反覆法。

背誦是透過反覆的學習來記憶，多次反覆就像疊起一塊又一塊的磚，比較容易記憶。

現場體驗

分享

營造好的語言環境，
比物質環境更重要。

——布魯姆（Benjamin Bloom）

參與和共享可以讓人學習更多

猶太人的讀書建構在與他人共享之上，而不是靠自己。這種猶太人的讀書方式叫做哈佛如塔式的讀書法。哈佛如塔（havruta）是「朋友」的意思。學習不是只靠自己。**如同鐵磨鐵更尖銳一樣，**

與朋友一起共同學習會得到更多。

猶太人的文化是共同體的文化。安息日是與家人或鄰舍相聚的日子。安息年、禧年、逾越節、五旬節、住棚節、修殿節等節期也都是一同慶祝。猶太人是以團體來讀書，以學生之間或師生之間的問答這種互動方式來學習。這比獨自讀書更有效果。猶太人是群體學習，對事物提出個人意見，加上新的內容，慢慢地使知識擴展。從夥伴身上學習，同時也教導夥伴。有時候討論得很激烈，雙方音量都會很大，但這只是學習的過程。互助學習的讀書法，只有透過參與才能實現。事實上，書本只是輔助，「人」才是關鍵的教科書。這在家中或在職場都是一樣。猶太人經常兩人成對或一群人聚在一起來討論，享受找出問題根源的樂趣。

現場體驗：最生動的學習方式

書本不是讀書的一切。我們生活之中的一切現場都是學校。尤其訪問歷史現場來體驗，是對我們如何生活的一種刺激。這是超越書桌和書本的學習，以強烈的刺激來改變生活。

猶太人常常探訪歷史。拜訪歷史現場是一種活的讀書法。猶太人把受欺凌和苦難的歷史現場保存得很好，而成為教育下一代的學習場所。這是希望不要有再一次的失敗。我們常希望湮滅失敗的證據，但猶太人把失敗當成學習成功的場所。

猶太人的孩子在成人禮的時候，一定要去的一個歷史現場是哭牆。哭牆是耶路撒冷聖殿被毀之後殘餘下來的牆。猶太人面對哭牆悔改自己的罪惡，寫下禱告的題目，塞進牆縫。透過這樣的行動來經歷歷史的苦難，也禱告祈求聖殿恢復。猶太人所在之處，一定會有體驗苦難的歷史博物館。這是透過歷史的再現，使後代知道如何成為猶太人。

教育場所不僅在悲憤的歷史現場而已。以色列的首都台拉維夫有一條諾貝爾路，矗立著記載著諾貝爾獎得主、得獎項目、得獎年度的紀念石像。如果加上二〇〇九年的得獎名單，就已經設立了一七九個石像。到目前為止，猶太人獲得諾貝爾獎的人數佔總得獎人數的百分之二十三。這是非常了不起的成就。拜訪這一條街的猶太人，可以再次確認自己民族的優越性，並對自己身為猶太人有認同感。與父母子女來拜訪這種歷史現場，是一種全人的學習。

以色列有一個集體農場基布茲（kibbutz）。基布茲是教育的天堂，是經驗共同體生活最好的教育場所。猶太人的孩子們在農場裡搭乘拖曳車，在牧場和田地中工作。農場的農人以教師的身分教育孩子。孩子們在動物農場裡觀看並學習牧養的方法。在田中親自栽種蔬果，採收自己種的果子來吃。透過自然的學習，豐富孩子學習經驗，提高理解能力。猶太教師認為坐在教室看書學習是死的教育。他們看重現場的教育更勝於在教室裡的教育。猶太教師如果覺得現場教育更有效，就毫不猶豫將孩子帶到現場。

對猶太人而言，自然是最好的體驗現場。以色列比許多國家都小，但有很好的自然體驗條件。山脈、平原、沙漠、曠野、山谷、平地、湖泊、死海、成年積雪、河流、窪地、綠洲等可以經驗各種地形和氣候。孩子透過多元的自然體驗來研究地形，並觀察動植物。

教室不是最好的學校。在人們身邊的大自然才是。猶太人善於利用自然來教育。猶太父母主要的工作是陪孩子去野餐。父母讓孩子從小就感受到這個國家的自然景物是一種傳統。猶太人認為去親身體驗一次自然的孩子，比讀過一百本書來學習自然理論的孩子更為聰明。

如果現場的體驗夠多，能提高與人溝通的能力。也有助於討論、合作、並且創意的學習。只透過書本不是活的讀書。解釋書的內容是現場，而把現場整理出來，就成為書。讓書與現場彼此調和，是最生動的學習方式。記得我們要學習的，在教室外比教室內還要更多。

教學重點

以溝通來學習

古時候的學堂不是一個人在讀書，而是師生共讀的方式。不是很大的團體，而是小組的形式。不是老師教給學生填鴨式的教育，而是發聲誦讀與發表的方式。先學的學生教後來的學生。不是以專門技術為內容，而是教導千字文等，加上體驗的教育。後來發展出來的西式和日式教育制度，反變成聽講課為主的讀書。尤其以入學率為中心考量的教育，讓學生不再彼此學習，反而形成彼此競爭的學習結構。

從現在開始要改變讀書的方法。如果學校是共享思想和討論的場所，去上學就會是一件很快樂的事。

百聞而不如一見：聽過一百次不如看過一次。

百見而不如一行：看過一百次不如做過一次。

百行而不如一觀：做過一百次不如察看一次。
百觀而不如一覺：察看一百次不如領悟一次。
百覺而不如一道：領悟一百次不如通達一次。

不要說沒見過的，要說經驗過的，一起分享討論時，就是創意的學習。我們的學生主要的讀書工具是媒體。孩子只靠電視、手機和電腦生活。上網可以找到所有的資訊，所以很難有實際的經驗。

猶太人的家裡沒有電視，透過電視和電腦的讀書法，與書本一般，不是直接的經驗。如果真的不能經驗，那也沒辦法，但透過現場體驗，才是活的學習。孩子需要在大自然裡思想、對話與體驗。世界上再沒有比大自然更有趣的老師。大自然教導的是無窮無盡超越我們想像的事物。

我們的孩子使用智慧手機和電腦太多。父母親無法控制這樣的孩子，因此產生許多問題。從小必須在現場來體驗人生。孩子被電腦影響太深的原因在於他們不知道該如何發揮自己的力量。與大自然建立起好的關係，就沒有時間去產生不好的想法，身體和心靈也都很平安。經營小菜園或周末農場來與家人共處，也是很好的學習方式。如果可能，透過旅遊來學習地理、文化和歷史，也是很好。

學習秘訣〈與孩子一起體驗教育的好地方〉

如果你的孩子不去外面經驗活生生的讀書，而是每天在家使用電腦網路來寫作業，在這種情況下，就該考慮週末全家一起外出，為孩子準備體驗的教育。

與孩子一起體驗教育的好地方

（本書為讀者理解方便，已更換為台灣版，讀者若需原文內容，請於「閱讀再進化」臉書留言）

藝術文化暨科學

1. 宜蘭國立傳統藝術中心
2. 花蓮七星柴魚博物館
3. 台東國立臺灣史前文化博物館
4. 北市國立故宮博物院
5. 北市國立臺灣科學教育館
6. 北市國家兩廳院
7. 新北市十三行博物館
8. 新北市金瓜石黃金博物館

9. 新北市鶯歌陶瓷博物館

10. 新竹玻璃工藝博物館

11. 苗栗三義木雕博物館

12. 台中國立自然科學博物館

13. 台中國立臺灣美術館

14. 台南奇美博物館

15. 高雄市立圖書館總館

16. 高雄衛武營藝術文化中心

17. 屏東國立海洋生物博物館

歷史古蹟

1. 基隆海門天險

2. 基隆大武崙砲台

3. 北市二二八和平紀念公園
4. 北市府城北門
5. 北市艋舺龍山寺
6. 新北市淡水紅毛城
7. 桃園大溪慈湖陵寢
8. 台中大甲鎮瀾宮
9. 彰化八卦山大佛
10. 彰化鹿港龍山寺
11. 南投水里蛇窯
12. 雲林北港朝天宮
13. 嘉義阿里山鐵路北門驛
14. 台南孔廟
15. 台南安平古堡

16. 台南億載金城

17. 高雄打狗英國領事館

18. 屏東恆春古城

19. 澎湖天后宮

20. 金門八二三戰史館

21. 馬祖民俗文物館

重組

討論與辯論

為了打造好的語言學習環境，
聆聽孩子的話，讓孩子很正確的表達，
是最基本的。
猶太父母抽出充分的時間來聽孩子的話。
——猶太格言

討論和提問：培養思考與創意力

猶太人頭腦好的原因在於他們有以討論和提問為中心的學習。猶太教師向孩子提問，但不是為了讓孩子回答，而是讓他們可以討論。孩子們已經習慣父母和老師的提問式教學方式。受到父母討論式的啟發，孩子自然會發展出自我論證與思考訓練的能力。

他們的討論式讀書法，大部分是透過塔木德來完成。塔木德是一本討論與辯論集。它是透過提問和討論發展出結論。塔木德是男女老少都可以一起討論的書。有這種從小到大都可以一起討論的書是一種祝福。

猶太人的討論方式是在塔木德學習過程中，一有不了解之處，就提出問題。主張自己的想法，反問對方的主張。若對方的論理有錯誤之處，就會以尖銳的問題反駁，用以主張自己的意見。經驗過這種討論的過程，將來遇到人生的問題，也能找到很好的對策。相同的情況如果是在別地，就會變成沒有意義的爭辯，甚至拳腳相向。這是因為未曾接受過辯論和討論的訓練。猶太格言有「兩個猶太人在一起會有三種意見」這種說法，就表示意見經過彼此協調而產生三個意見。

猶太人的討論教育主題幾乎都與實際生活有關。在人們後來遇到人生問題時，就可以有解決之道。經過這種討論教育訓練的猶太人，在教育、輿論、企業、法律等都能發揮卓越的能力，並非偶然。基於同樣的理由，美國的代表性媒體機構像ＡＢＣ、ＮＢＣ、ＣＢＳ等，另外重要的平面媒體像華盛頓郵報、新聞周刊、紐約時報、華爾街日報等，創立者都是猶太人。

為了討論，需要許多的準備和讀書。一個小時的討論必須花四、五個小時來預習和複習。在討論的過程中，產生新的想法，可以說是像把思想的寶庫打開一樣的感覺。這跟在教室中純粹透過教師授課是不一樣的層次，也無法與透過閱讀書籍的學習相比。整合預習、複習和學習的討論是最好的讀書法。

猶太人說：「如果不反對對方的意見，就不是猶太人。」我們卻不同，我們對討論與辯論感到不舒服。不熟悉討論與辯論的人很難有共識。大部分的情況下，都是透過多數決的投票方式解決問題。所以常常有看不見的不合理情事發生。

相反地，如果透過討論來取得共識，對彼此都有益處。也會有新的想法產生，令人感到滿足，並繼續發展。

我們偏好萬口同聲，但猶太人卻非如此。人的想法怎麼可能都一樣，一定會有使人懷疑的事物存在。如果沒有權力和物質利益的存在，就難以讓所有的人都有相同的偏好。所以猶太人不選擇萬口同聲的多數決原則。當然偶而會有需要多數決的機會，但透過討論取得共識依舊是最好的。

辯論蘊含所有讀書的要點

從提問發展到討論，從討論發展到辯論。一旦到辯論的層次，讀書的水準也跟著提高。在小學階段難以辯論。一場好的辯論需要既有的知識、人性、分析能力、論述能力和思考能力等各種能力的綜合。

辯論是比討論更高一層的討論。為了好的辯論，必先訓練好討論。辯論之前的資料調查↓閱讀↓講述↓聆聽↓書寫整個過程是一門藝術。辯論裡蘊含所有讀書的要素。討論是把一個議題訂定為討論的題目，透過參與者深度的討論，引導出一個新的結論。相對的，辯論是任意區分出正反兩方，再進行對話式的討論。討論需要提問、仲裁、調解的過程。但辯論是針對論題的正反兩面，依據所得到的資料，以具有說服力的論述和爭論，進行劇烈的對話式討論。

辯論大致可分成四個階段。首先是針對主題來蒐集資料，用批判的觀點來閱讀，並且建立自己的理論。之後，透過反駁對方的論述，整理並寫下自己的主張。為了一個好的辯論，不能只著重其中一個過程。討論是自由的，但辯論必須要遵守規則和時間。辯論是贊成和反對二者進行理論比較，找出理論的問題的生動討論。透過一次又一次不同主題的辯論，就會讓自己的主張更為明確，也能發現自己理論的矛盾。

猶太人有一個古傳的塔木德式辯論法。猶太人比任何民族更善於辯論。根據塔木德裡的記載，猶太人曾經對某些議題辯論了三個月、六個月甚至長達七年之久。以如此長久未有結論的辯論，塔木德的記載是「不知道」。所有的事物未必要有結論，若有不知道的，就說不知道。這就是猶太人辯論的結論。

教學重點

討論與辯論對聆聽的能力也有助益

討論與辯論自然會提升說話的能力。除了說話的能力，也對聆聽的能力有所助益。為了說得好，要先學聽得好，這樣才能養成溝通的能力。如能把自己的溝通內容寫成論說文，也能養成寫作的能力。

《正義》一書的作者桑德爾教授也是猶太人。透過討論和辯論教育而廣受歡迎的桑德爾教授，他的講義就是猶太人重視討論與辯論教育的成果。

學習秘訣〈討論塔木德的七個要素〉

這是陸扎投（Mose Chaim Luzzatto）拉比提出的七個論述的要素。一般猶太人按照七個順序來討論塔木德。這對於運用在討論與辯論方面非常有助益。

1. 陳述：把事實（本文）直接陳述出來。
2. 提問：對方根據陳述的內容提出尖銳的問題。
3. 回答：被問者要針對問題來回答。
4. 矛盾：證明、否定或反駁回答內容的錯誤。
5. 證據：舉出自己論述的證據。
6. 衝突：嚴厲地指出陳述中的錯誤。
7. 解決：參與討論者共同解決陳述中的衝突，向好的方向調整。如果無法向好的方向，就沒有輸贏，就暫時接受既有的情況。

學習秘訣〈猶太人學校的塔木德討論〉

1. 老師要朗讀一句塔木德。
2. 老師針對所讀的提出註解。
3. 學生提出問題。
4. 兩三人成為一組，其中一人為老師，另一人為學生，師生問答。
5. 討論中找出矛盾，針對矛盾回答。
6. 如果二人無法解決問題，問其他學生。
7. 還是無法解決，就移動到另一個教室去解決。
8. 熱絡地討論。
9. 教室內充滿討論的吵雜聲，甚至幾百人同時如同打群架般劇烈討論。
10. 沒有特別的答案，自我學習啟發。
11. 找到創造性的解法。

輸出

寫作、發表、測驗、考試、互學

教育訓練個人從他人獨立出來，
造出有思想的人，
那個力量是運用在解決社會的問題。

——愛因斯坦

作文：用寫作整理想法

猶太人認為「寫作就像開支票」，可見寫作對他們是何等重要。

我們透過寫作整理想法並且加以論述。寫作當中，未曾想過的智慧與點子就會出現。這是把先前輸入的資訊成為自己的知識的過程。寫作需要訓練，人們常常有很多的想法，但要以文字表達很困難。透過書寫就可以發現自己想法的矛盾，並且能讓想法更加精煉。**寫作的功能如同是修磨想法的刀。**

為了取得學位，要花好幾年的時間來寫論文。論文是透過寫作來評價某一段時間讀書成果的工具。要進入國外的大學，小論文（essay）是必要的條件。小論文是把自己的論述用寫作整理出來，用來表現自己的能力。小論文不是一天就可以寫好，而是需要不斷練習來訓練。我們的學生寫小論文的能力不足。大部分的時間是在找答案，並不熟悉寫作。國高中的考試幾乎都是選擇題，熟悉這種考試方式的學生如何能寫小論文呢？我們讀書最弱的地方，就是輸出的過程。

世界天才愛因斯坦是猶太人，他在《萬年思想》這本書裡這麼寫：

教育訓練個人從他人獨立出來，造出有思想的人，那個力量是運用在解決社會的問題。

讀書的輸入與輸出一樣重要。沒有好的輸出，讀得再好也沒用。不能使用的死知識又有何意義呢？

發表：讀書的最後階段

寫作是整理表達出一段相當時間的思想，演說則是當場整理並且報告自己的想法。一個人發表什麼樣的內容，就可以看出這人平常在思考些什麼，很容易從中發現他讀了些什麼書，有哪些地方不足。發表是讀書最後的階段。

猶太人成年禮的十五分鐘演講

猶太人在十三歲傳統成年禮的最後一個節目，是必須在眾人面前演講十五分鐘。透過這個發表的機會來確認先前讀書的內容。為了在成年禮中發表演說，需要在拉比的協助下完成講稿。最後整理完，就在眾人面前講述。用現代的話來講，就是發表。眾人會拍手來鼓勵令人感動的發表。成年禮的文化突顯猶太人看重論述自己的意見來說服別人，認為這是進入成人階段的第一步。猶太人的成年禮是在十二、三歲之間舉行，這個年紀大概就是我們小學畢業的階段。但是猶太人認定這個階段是大人的開始，已經有立場來發表自己的意見，自然可以獨立，要為自己負責地生活。

考試可以變成一種持續提問的學習方式

我們的學生有很沉重的考試壓力。不少人因為考試而得到憂鬱症，甚至放棄生命。人生的全部如果是持續的考試，學生即使從學校畢業，活到死為止，仍然要去面對考試的壓力。

考試是檢視讀到的東西有多少變成自己的。不只有繁重或困難的考試，還有大家比較可以接受的小測驗。人們都喜歡試著回答小測驗。每個人都有玩過猜謎和腦筋急轉彎的有趣經驗。小測驗也是一種考試，但因沒有負擔，就會讓人比較沒壓力。這樣的小測驗發展為考試，透過一次考試決定一切的作法是有問題的。在課程進行過程中，加入小測驗來讓學生樂於參與考試，這樣可以讓考試變成是一種持續提問的學習方式。

考試帶給猶太人的祝福

猶太人是享受考試的民族，他們的生活被小測驗填滿。猶太人在家中或在學校都可以透過小測驗快樂地學習。猶太人是一個考試不間斷的民族。所以對猶太人而言，考試如同生活。每當遇到難以承擔的難題時，猶太人集中精神來解決，就成為頭腦非常好的民族。用頭腦和學習來統治世界，這是考試帶來的祝福。

猶太人瞭解此種考試的奧秘，也因此享受考試，不害怕考試。為了勝過考試，他們開發了幽默感。幽默與詼諧是猶太人的特徵之一。即使處在無法承擔的苦難中，猶太人還是不失幽默。猶太人學習的塔木德是由提問和小測驗組成的，蘊含許多幽默的塔木德不是答案集，而是考試的問題集。基於這樣的理由，猶太人對於提問（考試）就不會有壓力，反而喜歡去解答。

塔木德裡面有個小測驗：「人出生的時候，兩隻手是握著的，但死的時候，卻是張開手。為什麼呢？」塔木德給這個問題的答案是：「人出生的時候，想要擁有世界的一切，但死的時候，把一切給了別人。」

另有一個小測驗：「有人在暗中看見瞎子提燈走來，就問瞎子何以提燈走路？」瞎子該如何回答？「為了讓明眼人看瞎了走路。」這樣的問答如何？在塔木德裡面有很多像這種的小測驗，可以激發孩子的好奇心和想像力。

考試是尋找答案的過程

有一位拉比，為了瞭解某位年輕人是否已經準備好了要學習塔木德，就提出問題：「兩個男人下到煙囪裡，出來之後，一個臉是黑的，另一個臉是白的。其中哪一個沒有洗臉？」年輕人回答說：「當然是黑臉出來的。」拉比接著再問一次，年輕人又回答：「兩個都洗過臉了。」於是拉比又再問一次，年輕人回答「沒有人洗過臉。」拉比最後再問一次，年輕人就無法回答。拉比說：「沒有答案。」

這個故事是告訴大家，年輕人回答了沒有答案的問題，結果只是以浪費時間結束。猶太人不是為了找到答案來考試，而是為了沒有答案的問題，在尋找答案的過程中才是考試。這是透過考試得到的收穫。透過考試發現我們錯誤的想法，修正並以更新的想法來前進。避開考試的人無法找出自己錯誤的想法，以致於過著錯誤的一生。**考試是學習謙虛的過程，若無考試，人就易於驕傲。沒有考試的道路是到達失敗最快的道路。**

人們何以害怕考試？是因為提問比答案更加熟悉。一直覺得要回答的強迫症，引發害怕考試的恐懼症。如果把一定要找到答案的強迫症拋棄，讀書就會變得更有意思。會讀書的人享受考試，想要常常考試，因為這是一個機會，可以確認至今所讀的東西。考試是學習中途的檢核點，找答案不是考試的目的。**透過考試找出自己的錯誤，並重新調整，這才是考試的意義。**常常透過小測驗這種有趣的方式來問答，享受生活中的考試，就不會變成沈重的考試壓力。

猶太人認為從同學那裡可以學到更多

猶太人認為從同學那裡能得到比老師更多的學習。學習不只是從老師而來，更是需要從同學之處而來。猶太人很久以前就知道這一點，用這樣的方式來學習。彼此擔任老師來學習非常有效果。塔木德如此說：「向老師學習雖多，但比不上向同儕學習，更比不上向學生學習。」我們認為只有老師或教授有權威，只想向他們學習。我們的教育到處都以老師為中心。以向誰學習來決定教育的水準，所以充斥著價格昂貴的私人教育。

一般而言，教師與學生是垂直與單向的關係，但朋友之間是水平和雙向的關係。學生與學生之間的猶太人讀書法就有此優點。尤其兩人互換師生立場，可以檢驗自己的學習成效。但我們的學習系統無法提供這樣的經驗。自己讀了很多，但到了考試或遇到實際問題的時候，卻沒辦法反映出同樣的水準。

透過教導別人來確認自己所學到的

如果自己所學都真的成為自己的，就可以透過教導他人來確認，如果可以教導朋友就更好。因為一個人在教導他人的時候可以學習更多，並也有自己實行的效果。容易發現自己學習的問題。

我們的老師與教授大部份是自己讀書的人。取得老師或教授資格的時候，是評估這個人知道了多少，而不是他傳達多少的知識。有些老師知道很多，卻不會教導，不應該具有老師的資格。如果所知無法傳遞給別人，這樣的知識是死的。

教學重點

不只是接受的層次，還要到傳達層次的讀書

發表能力是現代社會中成功的必要條件。發表不只是在學校課堂中，也是應徵工作時重要的一關。在企業主管會議、國際研討會、記者會等場合中，要求個人表現的機會很多。透過會議設備和程序來輔助發表的趨勢，使得現在的發表比起以前只靠口語演說的方式有了更極致的效果。有創意的發表技術是擄獲參與者和聽眾注意的武器。

透過討論能評估思考能力，而透過發表則可以評估表達能力。有再多樣的知識，若表達能力不足，表示讀書尚未進入到整理的階段。讀書不只是輸入知識，更要把所學的變成自己的，要達到這樣的層次。

大學教授中也有讀很多書，但講課很差的人。這是在發表的階段出了問題。綜合自信心、聯感與理解力才能夠有卓越的發表。

檢查表〈成功發表的十二要素〉

為了把學習過的內容好好傳達，並整理發表，孩子們準備好了嗎？以下列出十二項要素，請檢查有哪些不足的項目，再想想看該如何強化不足的項目。

1.創意力：以新的眼光看一切事物。
2.自信心：完整地準備來擁有自信心。
3.正確性：讓重點明確地顯現。
4.單純化：讓所有人容易理解。
5.好奇心：引起對方興趣與好奇心。
6.共感力：站在對方的立場來論述。
7.獨創性：有故事和自己的風格。
8.準備性：更多的讀書與徹底地準備。
9.整體性：不只用口，而是用全身來講述。

10.真實性：不刻意做作，而是自然真實地傳達。

11.幽默感：要有幽默感。

12.現場感：與聽眾在一起。

第五章

用智慧讀書

發揮創意來行動

吃、喝、跳舞、工作，
無法讓人生存，
唯有智慧才能生存。

── 猶太格言

侯克瑪

知之為知之，是知也

要認真教導自己的舌頭，
去說「不知道」。

——塔木德

讀書的目的是讓人學習謙虛

「人的一生何以要讀書？」你會如何回答這個問題？塔木德裡說：「要認真教導自己的舌頭去說『不知道』。」猶太人認為「**讀書是為了知道自己的無知**」。讀書的目的是讓人學習謙虛。

我們很容易以為把書讀好可以脫離無知的狀態，但事實並非如此。越讀書就越知道自己的不足。如果有人說自己知道，那麼這人是不知道的。

認識自己才是真正的智慧

讀書的最終階段是知道自己的無知。讀一輩子的書還是無法完全瞭解自己。最高段的讀書是對自己的讀書。認識自己才是真正的智慧。知識的最後階段是智慧。知識是用頭腦理解，智慧卻是把讀來的知識用在生活中。侯克瑪（Hokmah）在希伯來文是「智慧」的意思，是教導讓人瞭解世界上所有事物本質知識的能力。人是無法看到自己的臉，只有透過鏡子才看得到。猶太人認為自己閱讀律法書就像看鏡子一樣，透過讀書來通曉自己的路，這是猶太人智慧讀書的原理。猶太人讀律法書時，常常回顧自己，在其中尋找自己的本質和認同。

古有明訓：「知彼知己，百戰不殆。」就是說人如果能認識自己，打仗多少次都可以得勝。

世上最難也是最容易了解的是誰？就是自己。人生最大的功課就是讀「自己」，也就是去知道自己是誰。很多人讀書並不知道自己是誰，這不是真正的讀書。在我們的學校裡，並不覺得這是一個重要的問題，以致於到大學畢業仍舊徬徨徘徊的人很多。

人生最大的功課就是「讀自己」

當然以自己為對象的讀書不是容易的事，這不是讀了幾年就結束的課程。這是學科讀書無法解決的，屬於不同層次的讀書。但是如果這個問題沒有解決，即使書讀得再多，瞬間就會被動搖。當人生不能按照自己想要的方向走的時候，只有針對自己的讀書才能夠掌握自我。為獲得成功的學習，往往忽略了自我回顧的讀書，這樣即使成功了也不會滿足，身處於一種缺乏認同的情境下，可能會很不幸地草率結束混亂的生命。

猶太人稱呼在耶喜巴第一年的人為「智者」，第二年為「哲人」，最高的第三年才是「學生」。

這是因為年級愈高，隨著所學愈多，人也更謙虛。但我們與猶太人相反，第一年稱為學生，第二年是哲人，第三年是智者。

徹底瞭解自己，並且知道自己的不足，這樣才能夠影響社會，並成為服務他人的人。當這種人成為領導者，國家社會就會幸福。透過讀書讓人謙虛，比從哪一所學校畢業、有多少知識更重要。

活讀書
雅達

所行勝於所知者，所知得以長存。所知過於所行者，所知難以存續。

——塔木德

實踐學過的知識才是活讀書

世界上有死的讀書和活的讀書。死的讀書止於知識，活的讀書則連通到把知識實行出來。我們讀書應該是為了把知識行出來，唯有行出來才能夠證明有讀書。

希臘人使用的希臘語是以名詞為中心，但猶太語卻是以動詞為中心。希臘人以理性思想為讀書的特徵，強調新的知識和覺悟，所以常常看書討論。透過思考與討論深入知性的世界。他們關心的是如何辯證自己的主張，用以說服別人。考試的時候，也把重點放在重複已經學過的和知道的。

比起測量腦中的知識多少，猶太人更看重能否實踐學過的知識。塔木德有言：「所行勝於所知者，所知得以長存。所知過於所行者，所知難以存續。」如果知識是理解和審查，智慧是把知識行出來。希伯來語稱知識為雅達（Yada），就是「知道」的意思，也是「透過經驗而知道」。

以實踐為目標的學習者，和愛自誇知識的學習者，有根本的差別。為了實踐的學習，一開始就是實際的讀書。沒有行出來的知識是死的。智慧是行出來的時候才來到。

但我們的情況呢？我們死的讀書比活的更多。我們把大部分的力量放在傳達已經知道的。雖然有令人感動或讓人因此產生動機的時候，但卻常發生自己沒有加以實踐的情況。我們的考試只關心通曉多少知識，不太會去關心如何實踐知識。知道的和生活是分開的，結果常常看到擁有很多知識的人帶來更多社會問題。

塔木德有這麼一則故事：

知識淵博的學者走在鄉間，途中遇到一條河，學者必須搭船渡河。小船上沒有別的旅人，只有船東和學者兩人。

船過到河中三分之一的位置時，學者問船東：

「你學過文學嗎？」

「沒有，像我這種開船的人，什麼時候可以學文學呢？」

「那麼，你浪費了三分之一的人生。」

「……」

船過河到一半的位置時，學者又問船東：

「你學過哲學嗎？」

「沒有！」

「那麼，你浪費了一半的人生。」

船東沒有說話。

船再走到三分之二的位置時，突然有旋風颳起，船身劇烈搖晃。此時，船東問學者：

「學者，你學過游泳嗎？」

「沒有，我沒學過游泳。」

「那麼，學者，你整個的人生都浪費了。」

此時，船東跳到激流中，悠哉游到對岸。但不會游泳的學者卻因翻船，淹死在河中。

大家覺得如何？我們有時看起來書讀得很好，事實上卻像是死讀書的學者。我們再看另一則故事：

一天，年輕又聰明的猶太學生來找拉比。學生誇耀自己過去幾年讀了很多塔木德，很得意地要拉比測試一下自己。拉比舉出塔木德裡很艱難的論證作為問題，學生似乎準備充分，毫無困難地回答出很標準的答案。

但聽完標準答案的拉比，生氣地責難學生：

「你還差得遠呢！」

接著拉比很平靜地說：

「你讀再多，就好像驢馱著一堆書在背上一樣。」

為了活讀書，就先要把讀書成為自己的，包括把學過的知識實踐出來的體驗過程。實踐和實行看似相同，卻仍有所不同。實踐像實習一樣，是試做一次；實行卻是持續地行。實行是反覆地實踐。

為了實行需要持續的學習，在實際的情況下才不致於失敗。如同運動選手在比賽前持續地訓練，仿照實際的情況來練習，在現場才能夠有好的表現。

有時理論和實際情況完全不同。學習理論之後的實踐是必要的。

猶太人稱讀書為希努克（Chinukh），用我們的話來講就是奉獻的意思。對猶太人而言，教育是為了養成國家與社會的事奉者，所以是出去實踐和事奉的學習。不只是學習知識，而是從小就有勞動的經驗和學習賺錢的技術。猶太父母讓孩子在求學初期就有打工的經驗，讓他們有經濟的概念來管理零用錢。不要依賴別人，自己獨立，讓孩子很早就有現場和生活的教育。

猶太年輕人從學校畢業後，百分之八十自己創業。大學畢業生進入大企業的比例只有百分之二十。這與我們的情況完全相反。畢業之後馬上可以進入現場實踐，這是猶太讀書法的功效。

到耶喜巴，可以看到人們尊敬的拉比的照片，而不是偉人的照片。拉比有豐富的學問，但更是行出學問的人，而不只是教導者。這種現象與我們老師的形象有很大的差別。學生向老師學習，老師用生活向學生展現，學生尊敬老師，並跟隨老師的教導。蕭伯納（Bernard Shaw）認為老師是：可以行出來的人，自己行出來；不能行出來的人，只能教別人。可以行出來的老師，才能教出可以行出來的學生。

在學校現場裡，可以共同感受到從複雜的數學公式到無數的地名、人名，幾乎都侷限在理論的學習，但有些一輩子也用不到。這是多麼可惜。我們應該要為了過正直、寬容、安分、誠實的生活而讀書，這才是理想的讀書目的。希望能夠早一點把我們的讀書從知識轉向智慧。

教學重點

鮮活生動的讀書

「當人渴的時候，眼前的一杯水，勝過世上所有的水。」我們需要的是在當下生活可以使用，以及得到力量的智慧。讀書是為了改變生活，讀愈多的書，實踐的責任就愈大。

在小菜園裡種植物，親自體驗植物成長的過程，與透過植物圖鑑的學習完全不同。從現在開始，即使很小的知識，凡學過的就要在現場來實踐。這是從死讀書轉向活讀書的路徑。

檢查表〈做出實踐的圖表〉

在家裡牆上貼一張圖表。在圖中把自己學過的，以數字標示實踐過的次數。家庭日或一週一次訂出一個時間，鼓勵稱讚實踐最多次的人。例如「要正直」，如果學到這個教訓，就要有正直的行動，想想看有無因正直的行動而面對到困難或得到好處。又如「光的能力」，學到這個概念，可以用放大鏡聚焦陽光讓紙燃燒。如果在實踐上很困難，覺得很遺憾，也可以利用討論的時間來分享找出原因。

上天給實踐者的禮物

創意

人若為了學習如何教導，
就會得到學習和教導的方法。
但人若為了學習如何實踐，
就會得到學習、教導、觀察和實踐的方法。

——猶太格言

如果下定決心要把學過的東西實踐出來，得到的禮物是創意。如果沒有強烈的慾望來實踐，這樣的人就缺乏創意。有勇氣來實踐所學的生活對創意有幫助，因為持續的實踐就會產生新的想法。為了實踐，需要意志力。有意志力來實踐所學，學習就更積極，未曾想過的智慧和想法也會出現。當人非常渴望的時候，就容易得到。

猶太人的教訓集《先人語錄》如此寫道：

人若為了學習如何教導，就會得到學習和教導的方法。但人若為了學習如何實踐，就會得到學習、教導、觀察和實踐的方法。

得到創意的方法很簡單：不要只是想，而是常常要把學過的實踐出來，這是創意的起點。不要害怕，按照真理來實踐就會產生創意。只是想著，並不會產生創意。很多人覺得額頭上綁一條頭巾、賣力去想就會有創意，但是創意通常是要反轉才發生。我們為了得到創意，需要提出很多問題。但是有時候我們把已經知道的答案實踐出來，就會產生創意。為何人都不實踐呢？因為頭腦無法理解，心也無法動的緣故。人如果只是一直試圖去理解，就很難發生創意。創意是超越我們所知的領域，讓尚未去過的世界，在現實裡顯明出來。人們常透過問題來找尋答案，但如果相反地，把答案實踐出來，未曾有過的新想法就可以出現。這就是創意。創意是無路可走的情況下才會發生。在苦難的瞬間，把自己放棄，謙卑自我，創意方得以發揮。

猶太人把從律法書學習到的真理實踐出來。他們遵行的話語從數千年前使用到現在一點也沒有改變。例如為了遵守〈申命記〉中強調施瑪的經文，猶太人到今日仍在手腕和額頭貼著小盒子，也在門楣上貼經文盒。在〈民數記〉裡，有穿藍鬚衣、祈禱服的人。就我們看來，這些作為相當滑稽。但是猶太人卻持守了數千年。

猶太孩子無法理解，但在學寫字之前，他們學習禱告文、律法書、塔木德等，透過背誦來學習。並且讓所學的都可以實踐出來。他們先無條件地接受這些訂定下來的真理，然後再提問和討論。雖然都是有所疑問，但猶太人和我們不同。韓國人是抱著懷疑來提問，但猶太人是帶著信心來提問。猶太人先實踐再理解。放棄自己的想法，擺脫僵固的觀念，創意才得以發生。尤其把注意力從不重要的轉向重要的猶太人讀書法，有助於放棄自我中心的理論。

教學重點

放棄自己的想法來實踐

我們常常用自己的觀點來看一切。很難拋開自我中心的固著觀念。創意因此很難發生。創意的最大障礙其實就是自己。透過自然來看自己，透過別人來看自己，透過創造者的眼睛來看自己，超越自我是猶太人發揮創意的秘訣。

要達到創造全新的階段，需要付出辛苦的代價，並且了解自我的學習。創意不是只知道幾個原則就能發生，而是在心和行動交會之處產生。

創意的起點是人性。如果沒有人性的教育，創意不會發生。如此看來，創意確實是從全人而來。如果真的希望兒女成為有創意的人，就必須讓他們接受全人教育。創意不在人之外，而是在人的內在。

檢查表〈做出實踐的圖表〉

我們的家是不是一個有助於創意成長的環境，可以透過創意環境檢查表來找出需要改進的地方。

創意環境檢查表

	內容	是	否
1	在家中問任何問題都不會被罵笨		
2	把事做好有多種的選擇		
3	家中要遵守的規定很多		
4	大部分情況下，父母先詢問孩子的意見		
5	家中沒有什麼變化		
6	父母很在意孩子應該要表達的		
7	家人最在意的是最佳的表現		
8	父母親會教導孩子如何行動		
9	家裡面充滿著競爭		
10	自己對自己的事有最大的發言權		
11	知道遵守大部分規則的理由		
12	做事不至於被干涉		
13	個人的意見可以反映在重要的決定裡面		
14	父母要求孩子的時候，會為孩子買喜歡的東西		
15	不小心的過錯會被處罰		
16	父母做任何事都很快樂		
17	家裡面要保持安靜		
18	父母鼓勵孩子新的想法		
19	在家裡面玩耍很快樂		
20	自己所做的事大部份是為了取悅父母		

	內容	是	否
21	父母覺得孩子讓他們丟臉		
22	父母喜歡孩子提出很多問題		
23	孩子在家裡行動自由		
24	父母非常喜歡孩子		
25	家裡充滿幽默和笑聲		
26	自己的感覺可以直接與父母親分享		
27	父母很想知道孩子對什麼有興趣		
28	父母常常嘗試新鮮的事物		
29	在家裡可以見識許多有趣的事物		
30	父母喜歡與孩子在一起		

測驗答案

回答的內容與下面的答案一致的，是鼓勵創意的環境。相反地，一致性不足的，就有必要改善環境以利創意發生。

是：1，2，4，6，10，11，12，13，16，18，19，22，23，24，25，26，27，28，29，30

否：3，5，7，8，9，14，15，17，20，21

根 找到根源就可以發揮創意

創意的頭腦，
選擇的眼睛，
命運不會對沒有智慧的人微笑。
——塔木德

我們都知道創意的重要性，但真正能夠有創意並不容易。要有創意，就必須找到創意發生的根源。愈關注在本質，就愈有創意。而且，創意並不是局部的，而是在整合和融合之中發生。多元分化與根源相距甚遠。創意不是個別的，而是融合；不是局部的，而是從全體中發生。這是返回到世界之初的根本狀態。獲得創意的讀書是到如今所有讀書法的總和。得到創意的讀書法不是一次可得，而是在每一種讀書過程都很充實之下才能實現，絕非偶然得到。創意是長期發展成熟的果子。

在森林裡探索的一名獵人，發現在很多樹上掛著一些標靶。獵人非常驚訝地看到所有的標靶上，所有的箭都射在靶心。他很好奇是誰有如此完美的射箭技術，就四處去找尋射箭的人。終於找到了射手，就問他：

「你射箭精準的秘訣是什麼，要如何才能跟你一樣呢？」

「非常簡單，」射手接著說：

「我先射箭，再畫標靶。」

專注於根本與本質

創意的產生不是複雜的過程，而是相當簡單。從本質的問題開始，就容易找到。愈接近我們的時代，天才愈少。我們知道的許多偉大天才都生活在文藝復興時代。文藝復興發生在中世紀接近近代之間（十四到十六世紀），是在西歐文明史出現的歷史階段中興起的文化運動。文藝復興是古希臘和羅馬文明的再次復興，因此創造出的新文化運動，範圍包括思想、文學、美術、建築等各方面。

文藝復興運動的核心精神是 ad fontes。這句話語的意思是回到源頭，也就是起初的意義。有許多天才在這個時期出現的原因，就是因為關注在根本的問題。宗教改革也是因為回到根本的問題。伊拉斯謨斯、路德、但丁、米開朗基羅、拉斐爾、達文西等，另外還有林布蘭特、梵谷、巴哈、韓德爾、莎士比亞、狄更斯、托爾斯泰、杜斯托耶夫斯基等在文學和音樂饒富創意為人所知的天才，都是以本質為起點而創作出偉大的作品。創意不是新的，而是尋找原本。創意是回到創造之初，是天上賜下的禮物。

猶太人被認為是很有創意的民族。猶太人完成的創新成就與作品不勝枚舉，他們的創意令人驚嘆。賈伯斯、臉書創辦人祖克柏、用電腦作業系統改變世界的比爾蓋茲、主張相對論來解釋宇宙的愛因斯坦、用發明來震撼世界的愛迪生，他們全都是猶太人。他們可以發揮創意的原因在於專注在根本與本質。

眾所周知的猶太人愛迪生，他與當時代的教育系統毫不相容。他後來如此說：「我到現在還記得我與學校處不來，我在學校是最後一名，老師不喜歡我，爸爸認為我是白癡，我時常如此感覺。」愛迪生就學期間不過三個月。班上的老師在所有學生面前，罵愛迪生是笨蛋。所以當時八歲的愛迪生非常難過，跑出教室，到母親面前說：「我從此以後不要去上學了。」他堅持這句話，真的沒有再去上學，甚至也沒有進入大學。透過母親，他學會識字，並以其他的方式自學，而終於成為世界有名的發明家。他擁有的發明專利有一千三百件。後來有人問愛迪生成功的秘訣，他說：「就是工作，從自然裡找出秘密，並且運用在人們生活的光景裡。」

愛因斯坦和愛迪生能夠有舉世驚人的想法，是因為他們可以超越人們固定的限制，而有無限的自由。接觸到本質的世界，會產生自由與創意。這也證明了賈伯斯所說的：「帶來創意的路是人文，而不僅是技術。」因此，創意不是人的全新創造，而是去發現已經有的。也就是說，創意不是新的，而是去尋找根源。

猶太人讀書法與創意密切相關。猶太人對於人類與宇宙根源的瞭解，是來自於學習律法書與塔木德，並且切實遵守每週一次的安息日，離開複雜的世界，停止所有的事，徹底地休息一天。猶太人從很早以前就已經知道創意不是工作，而是從休息得來的事實。但安息日的出發點在哪裡呢？就在律法書裡面有關天地創造的記載。猶太人回顧起初創造天地的時候，發現安息日是對人的保護，所以他們遵守安息日的規定。

而且安息日必須與家人一同度過，這也相當重要。所有共同體的起源是家庭關係。共同體的本質就是家庭，對創意的促進有貢獻。

像這樣，猶太人專注在本質，放下一切複雜的現代文明，每週一天回到原初的生活，這是猶太人得到創意的祕訣。

大家都知道的一個猶太人，也就是很有創意的比爾蓋茲，每年都會有一個「思想週」。思想週期間，他放下一切事務，到一個沒有人的地方回顧自己。在思想週裡，他得到創意，並發揮創意改變世界。他適當地把猶太人安息日的原則運用在自己的生活裡。

教學重點

專注於本質

為了得到創意，不要花精神在次要的，而要專注於本質。新的想法來自於人的本質和世界的根本，就是回到原初，回到根源，這是發揮創意的原理。家庭、自然、古典、對話、休息、人、關係、禱告、默想、飲食、睡眠、散步等，都是發揮創意的種籽。如果真要擁有創意，這些當中至少有一個要實踐在生活中。一天不要使用智慧型手機，並且離開電腦和網路，給自己一個思考根源的時間。不要一直忙碌地生活，暫時停下來，放慢腳步的生活也是獲得創意的秘訣。

學習活動〈禁用網路或手機〉

我們的腦子一整天被媒體圍繞，就無法真正的休息和深入的思考。可以一週一天或一個月有一天訂定為禁用媒體日。最好在這一天禁用所有的媒體。但如果覺得太困難，也可以只禁用一種媒體，例如禁用智慧型手機或禁止上網，這樣也行。亦可以利用如下方的立約書範本，放在桌上提醒自己。

媒體禁用立約書

姓名：＿＿＿＿＿＿＿＿

為提升創意的深思和休息的時間，我每個星期＿＿禁用媒體，謹此立約。

- 我決定不要因禁用媒體而後悔，或因此內心交戰。
- 在禁用媒體的過程中，如果因誘惑太大而使用了，會再重新禁用。
- 在禁用媒體的期間要記錄一切的想法和感覺。

＿＿＿＿＿年＿＿＿月＿＿＿日

姓名＿＿＿＿＿＿＿＿（簽名）

媒體	星期	想法或感覺
智慧型手機	星期日	

連結數千年的歷史與傳統

環節

創意要與傳統連結

文藝復興時代天才輩出，他們都有著過人一等的創造力。我們熟悉的達文西、米開朗基羅、拉斐爾等，都是這個時代的人物。文藝復興是舊的再生之意。這個時期有許多天才出現的原因，在於關心人的根源。這不是新的，而是追求舊的。人們認為創意是追求新的流行，這是對創意的誤解。創意是從舊的裡面找到新的。真正得著創意，就必須與舊的傳統、古典和人文連結。

猶太人有獨特創意的原因是他們珍惜舊有的傳統，並且持守到今天。我們認為要丟棄的老舊傳統，猶太人反而引以為傲，並堅持至今。在正統猶太人讀書的地方，拉比與學生依舊穿著傳統的衣著和頭飾，他們還在研讀古代的書籍律法書和塔木德，且這些書不是印刷品，而是手寫的羊皮卷。這對我們而言既不方便，也不合理。但他們卻不如此認為。他們每年持守從古代流傳到今天的季節，對於猶太人而言，這是攸關民族生存的大事。每週在家遵守安息日也是數千年的傳統。安息日特別是家族三代一起聚餐的時間。

團體一起讀書

作者曾經參與過猶太人在會堂的禮拜，看到一個很特別的現象是，在超過兩小時的過程中，所有家族成員都共同參與。在禮拜中，小孩、青少年、成人和老年人都一起進行禮拜。對我們來說這是不可能的，但對他們而言，這是自然的傳統。我們的讀書是把自己關在小小的房間，緊緊地抱著書。但猶太人是團體一起讀書。猶太人何以持守這種團體的讀書法呢？猶太人認為要從傳統流傳下來的真理中，找出與現代連結的本質環節，這才是讀書。

猶太人出生以後，先與神建立環節，接著與去世的祖先和在世的長輩相連結。這些環節不僅存在居住於以色列的猶太人身上，世界各地的猶太人也是一樣。從數千年以前的猶太人，一直到散佈世界各地的猶太人，透過環節連結在一起，這就是猶太人的讀書。從這個觀點來看，猶太人是透過自我民族的網絡徹底地連結起來。

任何人進入猶太人共同體裡，因是以環節連結為身體的一部份，猶太社會會為這個人負責。他們認為任何一個猶太人就等於所有猶太人。環節的任何一個部分斷裂，環節就斷了。這就是迄今猶太人可以成功的背後力量。幾年前發生過一名以色列士兵被俘虜五年後回歸的事件。以色列贖回這名士兵的代價是釋放了一〇二七名巴勒斯坦人。以色列把自己的一個士兵看成同等於一〇二七個巴勒斯坦俘虜，用這樣的等價方式來交換。從這裡可以看到以色列國家多麼重視每一個猶太人。

猶太人的全人讀書法

仔細看猶太人讀書，就可以看到他們把所有環節連結起來。猶太人的讀書就是整體的全人讀書。把所有的一切視為一體。猶太人讀書法是把所有的領域進行融合與整合，並且整合到各個世代與歷史。但並不是混合，而是有所區分和彼此連結。信仰和生活整合，家庭、學校與會堂整合，父母、教師和學生整合。用環節來連結的猶太人讀書，使所有成為一，這是其特徵。基於這樣的理由，猶太人讀書自然就會重視傳統，並且會關心過去。在傳統裡面找到智慧，並從其中創造出新的來。

猶太人的讀書是將傳統與真理在生活中連結

讀書不是新的東西，而是學習已經有的，再找出新的。在太陽光下沒有新鮮事。因此，猶太人讀書集中於過去的經典，從其中找到寶藏。猶太人的讀書是傳統與真理如何在生活裡相互連結，所以猶太人不自己讀書，而是與父親、祖父、老師、鄰人、國家等，構成環節來讀書。從流傳下來的過往祖先的生活智慧，在彼此討論與提出問題的過程中，產生新的融合力量，這是猶太人創意的秘訣。

猶太父母會講猶太偉人的故事，也會強調這些人是祖先，把亞伯拉罕、摩西和大衛當成榜樣，從小就閱讀這些偉人的故事，與他們連結。他們也強調像愛因斯坦和佛洛伊德這類人物是猶太人，孩子就會把自己與這些偉大人物連結，讓自己也知道，將來有機會成為偉大的人物。透過這樣的過程，猶太人可以傳承智慧，平凡的孩子就因為連結到數千年傳統的環節，也可以立志成為偉大的人物。

我們自己呢？我們並沒有這種有環節的讀書法，傳統的讀書法相對很沒有力量。因缺乏與過去連結的教材，加上受限於大學入學考試，所有讀書的重點都在這裡。自己埋頭讀書、享受自己努力帶來的成功，不喜歡連結，只想作獨自站立的夢想。這種情況會造成競爭，而且競爭中落敗的人會不斷增加，造成一個可怕的競爭社會。

相互連結產生創意

創意是從融合與整合中產生的。自己的力量無法發揮創意。透過彼此不同的特徵，相互連結就可能產生意想不到的新鮮事。讀書最終的目的是把不一樣的人彼此連結起來。養成這種能力才是讀書。但是我們的讀書架構是非常個人式的，自從個人主義取向的西式教育成為制度之後，雖然人們比起過往讀得更多，但是卻是更加地不幸福。

從現在開始，應該把我們傳統之中的優點找出來，成為我們學習的重心。我們應該珍惜自己的文化與傳統，也要與現代連結起來學習。如果與共同體分離，與時代斷絕，與歷史斷裂，那就只剩下死亡。

讀書是學習彼此體諒、溝通、分享、感謝和尊重

這時代使用智慧型手機的孩子與學生愈來愈多。智慧型手機使得人與人無法溝通。被媒體主導的生活無法發揮創意。一週至少一天把手機、電視和網路關閉，透過人和人溝通，並與歷史連結來讀書。直到今日，猶太人仍然在安息日斷絕一切事務，把最重要的家庭、人、傳統、律法書、塔木德等，連結起來學習。他們在其中可以夢想未曾有過的創意。

讀書是學習彼此體諒、溝通、聆聽、分享、感謝和尊重的方法。這是無法靠一個人來完成，只有透過共同體和環節來連結才有可能。這時就會有想不到的事情發生。

教學重點

學習活動〈連結過去與現在的環節〉

連結過去與現在的訓練是理解歷史並用之於生活的好方法。而且，肯定過去人事物，並與自己連結，就可以誘發潛力。我們用好的遊戲來訓練環節。

①準備各樣的彩色紙，剪成長條狀，分給每個人五條。
②在自己的長條紙上寫出歷史事件以及偉人的名字。
③把寫好的紙條混在一起。每人輪流抽出一張，做成圓圈來連結。這時，說明自己與抽出的事件與偉人有何關係。如果無法說明，就把紙放下，把機會讓給別人。
④說明愈好的人，可以做出愈長愈好看的項圈。做出最好項圈的人可以得到稱讚與禮物。

第六章

針對我們的身體訂做的猶太人讀書法

四次元讀書法

猶太人學習律法書有四個階段，這是為了防止誤解律法書。從小如此讀書，學科也不難。因為徹底瞭解了生活與人的本質這類高層次的內容，學習低層次的學科根本不是問題。這是猶太人擅長讀書的理由。這裡要來介紹猶太人的四次元讀書法。

1. Peshat：「單純的、平凡的」的意思。字面的意義是實際發生的事件與眼中所見的現象，也就是觀察可見的世界與看見的領域，是直接從物質的世界來學習。這樣的學習需要敏銳的觀察力，不輕易放過任何微小事物。

2. Remez：「提示、根據、暗示」的意思。這個字不只有表面上的意思，還有更深層的意義。

是找尋深層意義的過程，也是找出內在的暗示與提示。除了追求看得見的世界，更尋求沒有看到的。世界上所有的事物不只有表面的意義，更有暗示與教訓。

3. Derash：「研究與學習」的意思。猶太人研讀律法書和塔木德時，會有很多提問和討論，更深入地研究。他們認為研究與學習很重要，要花很多時間在上面。而且必須超越字面和文章，整合全部內容，是尋找融合的智慧的過程。在這個階段，所謂成功的意義與視野就更為廣闊。

4. Sod：「秘密」的意思。文本以外還有秘密存在，是解密的神奇階段。這是宗教的，而且包含很多靈性的內容。

這四個單字的第一個字母連起來是PRDS，為中世紀西班牙使用的四個基本解釋原則：文學的、哲學的、推論的、神秘的。這四個單字也形成了PaRaDiSe這個單字，也就是「樂園」的意思。猶太人讀書的四階段特徵是從基礎到高級層次，最後去挖掘隱藏的寶藏。猶太人把讀書當成尋找寶藏一般。在山上尋找深藏的寶藏很辛苦，讀書也是需要許多的努力才能有結果。深入的研究才得以取得他人無法得到的寶藏。此時的快樂是難以形容的。這種過程裡，會獲得意想不到的禮物，也就是創意。猶太人為此終身讀書。

猶太人一開始就把讀書和人生整合起來。但我們卻把學科讀書和人生分開，以致於人生愈過愈糟糕。

目前我們一般的讀書方式，缺乏了猶太人讀書法中第四個階段的靈性階段。十八世紀的拉比把猶太人的四次元讀書法整理並運用出來。我們可以按照我們的背景來試試看這種讀書法。

第一個領域：看見的世界、看到的領域（資訊的次元）
第二個領域：看見的世界、看不到的領域（象徵的次元）
第三個領域：隱藏的世界、看到的領域（直覺的次元）
第四個領域：隱藏的世界、隱藏的領域（無限可能性的次元）

一次元——資訊的階段：

資訊是從周邊的內容中整理資料，這方面很容易可以從書、網路等尋找。現代書籍和資料非常普及，到處都有，加上網路發達，資訊搜尋更加容易。但只找資訊是不夠的，應該要把資訊和問題連結。不是一次元的讀書，而是透過資訊來連結問題。如果有了接近問題的資訊，就很容易找到答案。

二次元——知識的階段：

知識是集合資訊，與其他的內容連結一起，把核心內容組織起來。經由這種過程，知識從客觀變成主觀的個人知識。我們學校的學習通常只到這個階段，是一種累積個人能力的讀書方式。把知識變成為自己的，不能靠填鴨式，而是要去找問題的本質，也就是去找出別人沒看到的東西，可以從這個方向來練習。

三次元——智慧的階段：

這是指選擇和分辨已經擁有的知識，是找出問題核心的階段，把看不到的領域和看得到的領域連結的過程。為此就需要更深入的研究，與其他的事物對照比較來找尋意義。這階段可以說是擴張知識融合的階段。經過這個階段，就可以看到更深的本質，並且得到解決問題的能力、鮮活的點子以及洞察力。為了到達這個階段，需要深入的調查和研究，並且多樣地提出問題和討論的過程。

四次元——靈性的階段：

靈性是指訂下人為何要生活、為何要讀書等人生目的和方向。若說從一到三次元的焦點在於書本，第四次元的焦點在於人的靈魂和心。不是尋求更多的讀書和學習，而是把已經學到的先放下來，回到本來的狀態。把靈魂和心空下來，就想到本質的階段。為了這個階段，要暫時放下讀書和工作，讓自己有一段悠閒的時間。比爾蓋茲每年有一個星期空出來，就是為了這樣的理由。在那一整週的期間，什麼事都不做，只是到一個陌生的地方，讓心與靈魂休息，這是進入到無限狀態的過程。我們也應該要讓自己定期或在制度上安排有休息的時間。週末的一天訂為家庭日，試試看創造的時間。有信仰的人可以透過禮拜或禱告的方式，沒有信仰的人，也可以透過默想、孤獨或休息，打造回顧自己的時間。

到目前為止，一、二次元是個人的讀書，三、四次元則是參與共同體的讀書。一次元和二次元是知識和資料取得的左腦中心讀書法。三、四次元是自由思考想像的右腦中心讀書法。四次元讀書法是在家庭、學校中都可以使用。這是學校畢業之後一生受用的讀書法。

三階段讀書法

觀察→解釋→運用

接近事物的方法有兩種：演繹與歸納。演繹法是已經有一個結論，再把其中拼湊的一塊塊找出來。歸納法是從觀察、解釋、運用來找到結論的方式。

猶太人在很久以前就使用歸納法來學習。猶太人讓孩子從小就透過研究和討論來熟悉歸納的學習法。熟悉歸納讀書法的猶太人，在創業方面有卓越的能力。仔細觀察遇到的問題，綜合來解釋，再予以實行。

歸納法是觀察→解釋→運用的三階段過程，按照這樣的程序來讀書的方法。通常提出下列問題來學習：「觀察—說的是什麼？」、「解釋—說的意義是什麼？」、「運用—如何生活？」塔木德的結構就是觀察—解釋—運用連結起來的歸納方式。最後一個章節是留空的，讓讀者完成自己的塔木德。這也是歸納讀書法的一種運用。

這三階段的讀書法在學習國語、英語、數學、社會、科學、藝術等科目，都可以直接使用。如果能與前面介紹的四次元讀書法一起使用，可以讓學習有更深廣的效果。

高次元預習法

人是因終身讀書而存在。沒有人可以免於學習。既然如此，可不可以讓讀書成為一件快樂的事呢？

在猶太人的讀書法中也許可以找到這個問題的答案。猶太人的讀書法是從高次元進入低次元的讀書。他們在年幼學習的就是最難的東西。在認知能力還沒發達的零到三歲期間，不管給何種內容，人都可以接受。這時候學習的不是知識，而是智慧的讀書，主要的內容是人性和靈性。大人或許會覺得很難，但要孩子直接的接受卻是容易的。人生中有數千年不變的真理和法則。學習這類真理法則的最佳階段是幼年時期。

具備靈性和人性之後，再學習知識和技術。如果心中已經有了學習動機，並且具備了人性，人們就會主動學習。猶太人能發揮卓越能力的祕訣就在這裡。讀書也就成為愈來愈容易和快樂的事。

從現在開始，讓我們用從高次元到低次元的方式來讀書。這不是百分之一，而是百分之百的天才讀書法。百分之百的天才讀書法必須先專注在高次元裡看不見的靈性、人性和品格的學習。看來似是漫長，但這卻是最快捷的路，也是邁向成功的讀書之路。從現在開始，讓我們擘畫一幅讀書的藍圖，讓我們的教育走在正確的方向，朝向所有教育問題的出口。

使用猶太人讀書法的創意人性學校活動表

創意人性學校活動表能夠適切地運用猶太人讀書法。這個表可以在放學後或週末在家中使用，而且不只在家，在學校也可以使用。可以運用完整的過程，也可以只進行其中的某些部分。表中的內容也可以按照需要在家中調整使用。以下就來介紹這個活動表的內容。這個例子是選擇「體諒」為主題，設計星期六整天（上午九點到下午三點）的課程內容來學習。

時間	主題	使用	部分	讀書內容
09:00～09:30	啟動讀書	五感／身體		體驗／遊戲
				娛樂
09:30～10:00		心		破冰
				稱讚與祝福
				看圖像
				歌唱背誦
10:00～12:00	共同學習	知識	輸入	解釋主題
				分享經驗
				說故事
				提問
				說明
			貯存／整理	討論
				辯論
				心靈地圖
				背誦
			輸出	整理／寫作
				發表
12:00～13:00	家庭／組合	統合		聚餐
13:00～15:00	學習生活	智慧		運用
				實踐

核心主題讀書內容

	態度	心	品格	生活	人格
1	體諒	自信心	守約	時間	愛
2	信實	思想	寬容	物質	喜樂
3	聆聽	感性	溝通	試煉	仁德
4	肯定	平安	謙虛	成功	親切
5	感謝	壓力	勇氣	失敗	善良
6	熱情	誘惑	自尊心	憤怒	溫柔
7	信賴	動機	事奉	誠實	節制
8	忍耐	知識	包容	貪心	知足
9	謙虛	不安	公平	勤勞	忠心
10	鼓勵	依賴	敏感	幸福	智慧

五感
身體領域

1. 體驗和遊戲：運動身體和感覺的遊戲、體驗

①開始讀書之前，在運動場或較大的空間有一段個人的玩樂時間。
②在自由的時間內透過身體和五感遊戲盡量運動身體。
③提供多樣的體驗空間（例如玩泥土、木工遊戲、堆積木、玩球、堆沙、美術、樂器演奏、自然小菜園等），體驗個人喜歡的內容。
④這是離開學校，在遊戲中學習的時間。
⑤打開感覺，透過身體和五感刺激腦部，心靈平安，讀書效率高。
⑥在盡情玩樂之後，可以提高讀書的專注力。

2.娛樂：用與共同體一起的娛樂來暖身

娛樂時間可以解放心靈和思想的緊張，可以透過遊戲得到再創造。

①非個人的，而是透過共同體參與的方式進行。

②可以進行玩球、火車遊戲、抓尾巴、疊羅漢、小型奧運會等簡單的活動。

③遊戲讓人快樂，也可以活化大腦。

心的領域

1.破冰：小測驗與猜謎的解答

①透過簡單的小測驗來進行腦部體操，是準備讀書的過程。

②簡單的常識小測驗，或看情況進行腦筋急轉彎。

③簡單的小測驗可以作為學習的出入口。

Q1：人有兩隻耳朵一張嘴的原因？

A1：為了聽別人的聲音多過兩倍自己所說的。

Q2：人的眼淚為何是鹹的？

A2：如果遇到喪禮，哭太多、流太多眼淚，眼會瞎掉，但因為眼淚是鹹的，就無法繼續哭下去。

Q3：耳朵裡面的液體為何是油性的？

A3：如果聽到不好的消息，沒有從耳朵出去，心會生病，甚至死亡。但因耳朵有油性的液體，聽到的壞消息很容易跑出來。

2.稱讚與祝福：透過稱讚和祝福得到肯定的力量

①逐一介紹參與者，每個人都要提出被介紹者的一項優點。

②在眾人面前聽到稱讚和肯定的話語，心靈得到力量。

③就個人最大的優點來稱讚，不過稱讚的內容力求平凡，不要誇大。

④盡量稱讚過程而非結果。

⑤發現人的潛能，讓潛能變成優點，因此稱讚是愈仔細愈好。

⑥稱讚包括鼓勵、安慰和感謝。

3.看圖像：閱聽關於主題內容的感人故事或影片

①播放有關主題內容的短片。

②如果時間允許，亦可播放與主題有關的電影其中的片段。

③真實紀錄片比編撰的影片更好。

④一個簡單但感人的故事就可以讓人有動機。

⑤把故事編成劇本，以角色扮演來感受。

4. 歌唱背誦：唱出要背誦的內容

①以歌詞和音律來背誦，可以強化心思能力，並讓心情變好。

②背誦能提高專注力，並使腦部柔軟。

③把前次學習的重要部分，編歌唱出來。

④盡量不要直接背誦，加入音律來背誦更有效果。

⑤加入音律來朗誦一首詩。

⑥背誦好的名言，有益於提高學習動機（每一個上課時間都要如此進行）。

知識領域

1. 輸入

■主題說明：簡略說明今天的主題

體諒的定義（鼓勵孩子自由發揮，講出自己的想法）

體諒在字典裡面的定義是「用心幫助、照顧」，站在對方的立場來考慮，幫助對方成長、改善環境。對人與所處的環境有所關心和照顧。可以說就是「易地思之」，站在對方的立場來思考。

■分享經驗：為何要知道？

提問①體諒何以是人們都應具備的品格？

根據對已婚人士的調查，許多人是因為對象善解人意的體諒特質而選擇結婚。尤其是女性對男性的評價中，「體諒」是最重要的一項。從男性的立場來看，女性的溫柔、善良、細心照顧這些都是重要的條件。也有百分之四十五的人們認為體諒是成為一個好的領導者的基本品格。

■講故事：要知道什麼

敘述以下的故事：

天空佈滿黑雲的一個下午，忽然下起傾盆大雨。一位全身溼透的老婦人走到費城百貨公司的門口。她的穿著看來寒酸。沒有一個店員理會這位濕淋淋的老太太。

這時候一個年輕人走近，親切地問老太太：「奶奶，您需要幫忙嗎？」

老太太笑了一下，說：

「我在這裡暫時避一下雨就要走了。」

過了一陣子之後，雨水繼續濺到老太太的腳踝。這時候，年輕人再次走向老太太。

「奶奶很累吧，我把椅子放在入口的地方，您稍坐一下。」

過了兩個小時，雨終於停了，太陽再次露臉。老太太向年輕人致謝，並且向年輕人要了一張名片。拿到名片的老太太離開百貨公司，消失在人群中。幾個月以後，費城百貨公司的老闆詹姆士收到一封信，要求派人去蘇格蘭拿取室內裝潢材料的訂單，信中並且指定該名年輕人負責其他相關企業的物品訂單。這位老闆詹姆士非常震驚，因為這筆訂單的額度相當於百貨公司兩年的營業額。於是與寄信人聯繫，才發現是幾個月以前在費城百貨門口躲雨的老太太，而她竟然是美國鋼鐵大王卡內基的母親。詹姆士就向董事會推薦名叫裴利的這位年輕人。原本還在幫老闆打包行李的二十二歲年輕人裴利，一夕之間，居然就成為百貨公司的合夥人。過了不久，裴利就被卡內基公司延攬，並在幾年之後成為卡內基的左右手，是除了卡內基以外，美國鋼鐵業的神奇人物。

聽完這個故事，想一想什麼叫做體諒。

說說看體諒為何在人生中是重要的。

■提問：具體而言，內容是什麼？

提問①為何人們希望有人體諒？

體諒是愛人與被愛的本能需求。每個人都希望被他人體諒。能被他人尊重、體諒，人就會覺得幸福。

提問②不能夠體諒的理由是什麼？

看過以下的圖後說說看。

圖 1

圖 2

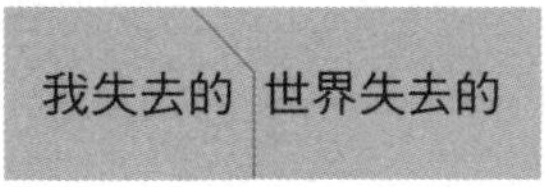

圖 3

體諒他人看來似是損失，讓給別人、先體諒別人好像只有自己有損失，但只追求自己的利益將感受不到幸福。真正的幸福是在給予的時候發生。

■說明：核心重點是什麼？

①體諒是愛別人如愛自己。
②體諒是尊重人，看重人的價值。
③體諒是把對別人的要求，同樣要求自己給別人。
④體諒是易地思之的生活，是站在對方的角度來思考與對待。
⑤體諒是把愛用行動表達出來。
⑥體諒是讓大家可以幸福的力量。
⑦體諒是把他人的問題看成自己的問題，是共感。
⑧體諒是習慣。

⑨成熟的共同體是體諒滿溢的地方。

2.貯存和整理

討論：為何這是重要的，與現實有何關聯？

①我難以體諒對方的理由是什麼？

②希望同事能體諒我的三個項目。

③說出體諒別人的實際方法。

■辯論：在彼此不同的意見中找到共識

①辯論主題：我還是要去體諒那些讓我痛苦的人嗎？

②方法：

1. 將人員分出贊成與反對的組。
2. 各自發表自己的意見，反駁與再反駁，相互辯論。
3. 找到共識。

■心靈地圖：如何透過心靈地圖整理重要內容。藉由下列各項體諒的內容來整理出心靈地圖。

內容	畫心靈地圖
我絕不會拯救所有的人 我只看一個人 我一次只能擁抱一個人 就是一個人 德瑞莎修女	

■背誦：一定要背的內容是什麼？

「沒有微笑，就把店關掉。」（塔木德）

3. 輸出

■主題整理：整理學過內容的重點

整理體諒的六項技術：

- 站在對方的立場來思考與行動。
- 好好地觀察對方（外貌、眼神、態度、行為）。
- 多聽多問。
- 讓人有小感動。
- 有好處就讓出。
- 抬舉對方。

■寫作：寫出創意的文章

接續下列的文章寫出自己的想法。

體諒是人格的衣服！

體諒就是人格的力量。一個人是否有人格，可以從與身邊的人的態度和方式來判斷。一個人的人格與品格可以從體諒別人的方式看出來。

■發表：發表整理過的文章摘要，感動觀眾

1. 使用：已經習得的知識，如何在現場使用？

用一句話來表達體諒的心思，設計讓人可以跟著做的動作。

- 讓人心又廣又深的一句話是什麼？——「對不起！」
- 可以堆砌謙虛人格的一句話是什麼？——「謝謝！」
- 讓人每天又新又甜美的一句話是什麼？——「我愛你！」
- 鼓勵讓人成為一個更好的人的一句話是什麼？——「你做得好！」
- 締造和諧與和平的一句話是什麼？——「是我做錯了！」
- 使人可以合一的一句話是什麼？——「我們～」
- 世上最珍貴的一句話是什麼？——「朋友啊！」
- 像春雨一般滋潤思考的一句話是什麼？——「你的想法如何？」

・離開時給人力量的一句話是什麼？——「辛苦了！」

・事情結束的一句話是什麼？——「你真辛苦！」

・給遇到困難的人一句話是什麼？——「一定會有好事發生！」

・給做事的人得到力量的一句話是什麼？——「請幫我做，好嗎？」

2.實踐：透過親臨現場與志工活動學習如何實踐

在以下各項中，今日可以實踐的對人的體諒有哪些，請具體說明。

・同感到別人所受到的痛苦。

・安慰在痛苦中的人。

・與痛苦的人一同哭泣。

・與得勝的人一起快樂。

・整理汙穢環境以免影響他人心情。

· 與有好事降臨的人同樂。
· 與悲傷的人同哀傷。
· 給疲憊的人勇氣與安慰。
· 與不如意的人一起痛苦。

接受者：
時間：
地點：
方式：

結語
尋找自己的終身全人讀書法

到目前我們已經認識了猶太人讀書法的各種特徵、教育哲學、教育文化等，其中很多部份相信讀者都可以認同，但要實踐起來並不容易。這就好比向很會讀書的人學習，即使對方願意傳授讀書的秘訣，也很難把同樣的方法用在自己的身上。為了找到穩定且適合我們的讀書法，需要許多的觀摩、努力學習、並且變成習慣。

學習所有事物都一樣要有方法，過生活也同樣需要方法。能夠正確學習到「正面思考」的人，不論在怎樣辛苦的情況下，都可以很快樂。沒有建立「正面思考」的人，一點辛苦就會抱怨、生氣或遷怒他人。作者之所以要這麼熱衷推廣讀書法，是因為已經體驗到這種讀書法的快樂。人如果有一直到死都還要讀書的力量，怎麼可能會活得不快樂？

前一陣子SBS電視台和首爾大學學生生活研究所共同進行了一項調查研究，根據調查結果，進入首爾大學的學生能把書讀好的原因很簡單，並不是學校、補習班、老師、或家教等外部因素，而是學生自己的學習動機，有自己的讀書法。認為是藉由自己導向的力量，發揮讀書的作用力，這樣子把書讀好的學生比例是最高的。讀書的成敗關鍵就在於自己的力量。只要這個問題可以解決，任何教材都可以讀得很好。無論是誰，若有自我導向的力量，畢業進入社會之後仍可以終身讀書。這比起哪一所學校畢業更加重要。

本書是為了養成自我導向的力量而寫的。猶太人從小就以建立自我導向力量為目標來學習。相反地，我們的學校讓學生去捕撈很多的魚，卻不教學生可以一生受用的捕魚方法。猶太人在這方面給我們很大的幫助和提示。

為了掌握猶太人可以把一生投入學習的方法，我整理出幾個有助於實踐的基本原則。

一、提升解決問題能力的學習

根據 OECD 的全球 PISA 評比，韓國學生的排名是居於世界領先的地位，但是在學習興趣、自我評估、動機等部分，韓國學生的表現卻相當的差。數學能力檢定考試原本只是為了確認進入大學學習的能力，只要達到基本的能力水準就夠了。但是一旦將檢定的成績當成是入學的成績，數學能力檢定就成為具有排名性的考試。更糟糕的是我們的學生為了這個考試，花了將近二十年的時間來準備。我們的教育不應該只以進入大學為目的，應該還要去培養能夠解決人的一生問題的能力。

二、不要獨自學習，要共同學習

個人學習會形成競爭，但共同學習是共生的學習。獨自學習雖可獲得知識，但不能得到智慧。個人學習或許可以把知識背下來，卻難以培養創意。獨自學習容易疲累，但共同學習可以產生力量，並且也更有樂趣。如同猶太人的讀書法，他們是以小組或一對一的方式進行問答和討論，是我們可以效法的方向。真正的讀書不是一個人躲起來埋頭苦讀，而是應該透過彼此對話與分享，共同合作來解決問題。

三、不要跟著書學習，而是要跟著人學習

一提到讀書，首先想到的就是書本。讀書的焦點在於讀了幾本書。大量閱讀當然很重要，人能從小就經常接觸書籍是很重要的。但是如果把書僅僅看成只是書，就沒有太大意義。因為書裡面涵蓋了人們的思想與生活，書就是人。由於我們無法見到每一個人，只好透過書來見面。讀書就是為了見到書所代表的那個人。所以，書其實不是書，而是人。如果孩子喜歡書更勝於喜歡人，就把主客順序顛倒了。與人接觸，透過提問、討論和辯論來學習，會比自己閱讀更有意義。總而

言之，人是學習的重要對象，沒有比跟著人學習更好的讀書法，與人見面和對話，就是最好的學習方式。如此才能夠過著真正的人的生活，並且為其他的人服務。否則愈讀書就愈驕傲，看不起其他的人，只會引起更多的問題。

四、從小在家要養成讀書的習慣

人的生活是由習慣構成的，讀書也是習慣之一。一開始建立起來的讀書習慣，就會造成後來不同的讀書方式與結果。從小建立起好的讀書習慣非常重要。通常這個習慣是在家開始培養，但是問題在於父母親並沒有接受過讀書方法的訓練。因此，大部分的父母會讓孩子很小就接受家教。家教愈多，教育支出就愈沉重，會使得家庭經濟陷入困境。從小養成在家讀書的習慣雖然會比較辛苦，但孩子卻可以自然自主地學習。這裡所謂的讀書不是去學認字、英文或數學，而是與讀書有關的提出問題、討論、探究、發表與辯論等基礎。沒有比具備這些基礎更好的讀書習慣。

五、制訂家庭日，讓家庭讀書文化扎根

我們的社會中，大部分的家庭是雙薪家庭。孩子到了晚上還得留校唸書或上補習班，沒有時間。考量時間的因素，要訂定家庭日似乎很困難。但是為了建立起比學科讀書更重要的學習態度，這個時間還是必要的。**有創意的學習是從休息開始的，而孩子的品格教育卻是與家人共處的時間開始的。**這與父母的決心有關。全家在一起的時間要比父母的事業和孩子的學業更加重要。

六、要找到可以一生受用的讀書法

學校的學習只是人生的一個階段，不是全部。真正的學習應該要從學校畢業，找到工作，並且建立家庭之後才開始。韓國有世界最高的教育熱情和成績，卻也有最高離婚率和自殺率，這是非常諷刺的一件事，也顯示教育的極端性。探究其中的原因，就是學生的讀書法出了問題。

我們的讀書全部是學科，讀書的目標是提高大學入學考試的成績。學科原本是為了了解人生

的過程，但是如果只為了進入大學，學科成績愈高，人生成功的機會就愈低。

猶太人讀書是終身的讀書，讀書法也可以一輩子使用。我們需要的讀書法，是從小在家使用的學習方式，並可以用在學校的學科學習，而這樣的學習方式即使在畢業之後，一生也都可以使用。成家之後可以傳承給後代、退休之後直到死都可以使用的讀書法，才是我們應該追求的讀書法。

如果有這樣的讀書法，人人可以過幸福的人生。讀書愈多，幸福愈多。學多少，人生的享受就有多少。人如果沒有學習，就會變得頑固、無知和愚笨。為了有智慧的生活，讀書是必要的。為了終身讀書的讀書法，要建立起一套新的讀書系統。要去找尋適合自己的讀書法，要去開發運用。並且為了這樣的讀書法，要彼此學習。

如果有了如何過生活的讀書法，就不會再害怕世上的生活。**有了解決問題的能力，再多的難題也不怕，反而能夠在苦難中享受，也能夢想去逆轉處境。**如此將不需要與他人競爭，相反地，在困難中可以相互幫助。在這樣的過程中，人生就更有意義，人們也會更感到幸福。

在這本書中所提出的，是不論在學校、家庭、社會、乃至於人的一生，是所有人都可以使用的讀書法。如果能運用這個讀書法，像猶太人一般可以世代相傳，那該有多好。期待透過這樣的讀書法，人人都可以自由地享受幸福人生。

猶太人超越全世界的讀書法
한국인을 위한 유대인 공부법

作　者　李大熙（이대희）
譯　者　李政恩
總編輯　汪若蘭
責任編輯　施玟亞
版面構成　李東記
封面設計　張凱揚
行銷企畫　顏妙純

發行人　王榮文
出版發行　遠流出版事業股份有限公司
地　址　臺北市南昌路 2 段 81 號 6 樓
客服電話　02-2392-6899
傳　真　02-2392-6658
郵　撥　0189456-1
著作權顧問　蕭雄淋律師
法律顧問　董安丹律師

2015 年 4 月 1 日 初版一刷
2018 年 9 月 30 日 二版一刷
行政院新聞局局版台業字號第 1295 號
定價 新台幣 280 元（如有缺頁或破損，請寄回更換）

ISBN 978-957-32-8364-5

遠流博識網 http://www.ylib.com E-mail: ylib@ylib.com

國家圖書館出版品預行編目 (CIP) 資料

猶太人超越全世界的讀書法 / 李大熙作 ; 李政恩譯 . -- 二版 . -- 臺北市 : 遠流 , 2018.09
面；　公分
ISBN 978-957-32-8364-5(平裝)

1. 讀書法 2. 親職教育

019　　107015405
